EN

VOYAGE

SEPTEMBRE-OCTOBRE 1879

IMPRIMERIE CHARLES SCHUCHARDT
1880

Reserve
K 1300

EN

VOYAGE

..... Ille............
Sustulit exutas vinclis ad sidera palmas.
VIRG.

A UN AMI

Voici, mon cher ami, ce que vous m'avez demandé. Je ne m'attendais pas, je vous l'avoue, à voir reparaître sous cette nouvelle forme, ces lettres adressées au *Journal de Genève*, car personne ne sait mieux que moi avec quelle rapidité naissent, passent et disparaissent ces feuilles fugitives. Vous n'y chercherez d'ailleurs que ce que j'ai cherché à y mettre : ce sont les impressions immédiates qu'a fait naître en moi un pays illustre que je voyais (en partie du moins) pour la première fois. Ces notes n'ont ainsi que la valeur de ces croquis que prend rapidement un peintre pour un tableau que peut-être il ne fera jamais. Je les ai un peu corrigées, mais fort peu augmentées. Recevez-les donc, puisque vous avez voulu les relire, avec la restriction que j'y apporte moi-même. Le public les a oubliées ; elles n'appartiennent plus qu'à quelques amis.

Votre très affectionné   J. A.

Genève, ce 1er janvier 1880.

I

DE MARSEILLE A PALERME

Palerme, 15 septembre 1879.

. . . .
On a souvent décrit l'admirable spectacle que présentent Marseille, sa vaste rade et les îlots qui l'enferment. Qui ne connaît aussi les côtes nues, arides et brûlantes de la Provence que longe le vaisseau qui se dirige sur la Corse? L'île apparaît avec ses montagnes escarpées. Voici Ajaccio et bientôt Bonifacio, sa citadelle et ses maisons blanches perchées sur un rocher. Le vapeur donne au milieu des Bouches de Bonifacio et l'on se demande laquelle suivra le capitaine. Il se décide pour la petite, et nous voilà pendant une heure engagés au milieu d'un dédale d'écueils au travers desquels notre beau *La Bourdonnais* évolue avec l'ai-

sance la plus parfaite. Nous tournons le cap de l'*Urso*, dont l'ours descend et descendra éternellement vers la mer; nous longeons l'île de la Maddalena; Caprera apparaît avec la maison de Garibaldi, puis la Sardaigne et pleine mer, Ustica la dernière des Lipari et les côtes de la Sicile qui se dressent sauvages et abruptes, grillées par un soleil de feu, auprès desquelles Salève nous semble une oasis de verdure; enfin le vaste golfe de Palerme, la *Concha d'Oro*, au fond duquel la capitale de la Sicile étend ses vastes quais et ses maisons éclatantes de lumière. L'ancre tombe; notre bateau est bientôt entouré d'une foule d'embarcations et, quelques minutes après, nous abordons à la *Dogana* où doit se faire la visite des effets.

On nous avait, à Marseille, quelque peu effrayés sur ces cérémonies préliminaires de tout débarquement. La réalité n'a pas répondu à ces appréhensions. Le débarquement ne ressemble en rien à celui qui se pratique dans certains ports d'Orient de notre connaissance où le voyageur devient un colis que se passent de mains en mains de vigoureux portefaix; on descend dans sa barque le plus paisiblement du monde, et la *Dogana* n'est qu'une simple formalité. Sous les Bourbons, il ne devait pas en être ainsi. Une rapide voiture nous emporte à la *Trinacria* qui est à peu près vide, la « saison » n'ayant pas encore commencé (elle ne commence que vers le 15 octobre), de sorte que nous nous logeons avec la plus grande facilité. La situation de l'hôtel est admirable. Nous

avons toute la *Marine* sous les yeux et devant nous
s'étendent à perte de vue les flots soulevés par un
assez vif *greco* de la Méditerranée.

Je crois que c'est Flournoy qui a écrit vers la fin
du XVIIme siècle les *Entretiens des voyageurs qui navi-
guent sur la mer*. Un vaisseau est en effet, par excel-
lence, un lieu de conversation. Au bout d'une
heure ou deux, la glace est à peu près rompue et
l'on a déjà fait connaissance. J'en excepte les Anglais
qui, suivant leur habitude, font, comme nous disons,
bande à part. Ils se sont emparés de l'arrière du
La Bourdonnais, et ils y passent leur journée en
général couchés, fumant ou lisant. Ils n'échangent
pas un traître mot avec les autres passagers. Quant
à ceux-ci, la connaissance est bientôt faite.

Je ne sais si vous avez parfois remarqué combien la multiplicité et la facilité des relations chez les
peuples modernes a facilité et multiplié aussi les points
de contact. Le fait est que, si vous voulez un peu
chercher, et « y mettre du vôtre, » vous vous trou-
verez bientôt uni à vos interlocuteurs par quelque
relation commune. Il y a là des sœurs de charité,
des prêtres, des négociants, des industriels, de simples
voyageurs, et avant le soir (nous sommes partis à
midi de Marseille) la conversation est devenue géné-
rale.

Une sœur raconte la « fête cinquantenaire » de
la profession d'une de ses compagnes de Smyrne,
« sœur Louise, » que reconnaîtront ici les parents

— neveux et nièces — qu'elle compte à Genève. Un négociant français se rattache par les origines de sa famille à Nyon où il a vécu quelque temps ; — un autre négociant, allemand, a appris le français dans le pensionnat Sillig à Vevey ; — j'interroge le chancelier de l'archevêché de Smyrne sur les directeurs de l'École évangélique de Smyrne (grecque orthodoxe) qui m'ont fait, il y a deux ans, un si gracieux accueil ; — les officiers et le docteur du bord (de la marine militaire française) sont parfaits d'amabilité, et comme ils ont beaucoup vu, ils peuvent aussi beaucoup raconter. De là, comme je vous le disais, une facilité et une aisance dans les relations qui abrègent singulièrement, pour ceux qui veulent en profiter, l'ennui traditionnel qui s'attache ordinairement à ces sortes de traversées. C'est ainsi que j'y ai appris la solution (au moins provisoire) d'une question qui agitait, quand je l'ai vue, la « société » de Smyrne. Les sœurs de charité ont été définitivement dépossédées de l'enseignement qu'elles donnaient aux jeunes filles catholiques, et elles ont été remplacées par des « Dames de Sion, » un ordre nouveau que l'on dit être sous la direction particulière des jésuites. Comme ces « Dames » étaient alors considérées comme les avant-courrières de cet ordre célèbre, on croyait que les pères Lazaristes seraient à leur tour contraints à faire place aux jésuites et qu'ainsi s'accomplirait en Orient une petite révolution ecclésiastique, longuement méditée, mais toujours différée.

Les sœurs et les lazaristes de l'Asie Mineure sont en effet en possession du terrain depuis plusieurs siècles, et les novateurs estimeraient le moment venu d'infuser une nouvelle ardeur dans ces ordres qui représentent à peu près exclusivement la France dans ces contrées lointaines. J'ignore ce qu'il en adviendra; mais il me semble me souvenir que, lors de la discussion du budget dans le sein de la commission de Versailles, une proposition de retrancher ou de diminuer la somme accordée en subvention aux sœurs et aux lazaristes a été écartée sur les observations de M. Waddington, qui connaît mieux que personne l'état réel des choses en Orient. Je ne serais donc pas étonné que les projets des jésuites aient été pour peu ou pour beaucoup dans cette décision, laquelle pouvait surprendre au premier abord, venant d'une réunion où les partisans des ordres religieux étaient à peine représentés... Mais il est temps de rentrer à Palerme.

Je ne me propose point de recopier pour vous mon Bædecker. L'aspect de la ville est celui de toutes les grandes cités italiennes du Midi, c'est-à-dire très animé, car l'on y vit sur le pas des portes, des boutiques et jusqu'au milieu des trottoirs, qui ne sont pas larges. Hier au soir, en traversant la place de la Kalsa qui conduit à la Marine, j'ai cru que tous les garçons et les filles de Palerme s'y étaient donné rendez-vous, tellement elle était encombrée de jeux qui s'y pratiquaient au milieu des cris les plus aigus.

Pas un mot, d'ailleurs, à l'adresse des *forestieri*. Le costume de tous ces jeunes et bruyants Siciliens était en général des plus simples et un bout de chemise et de pantalon ou de robe, suivant les sexes, en faisait tous les frais. Les « cordonniers pour garçons et fillettes » doivent avoir peu de clients dans ce quartier-là. Mais l'armée et la marine y trouvent sans doute de nombreuses et vaillantes recrues, car tous ces enfants sont singulièrement bien découplés et de belle venue. La Marine elle-même ne s'anime que tard dans la soirée, de 9 heures à minuit. La brise de mer y rend la température suffisamment fraîche pour faire oublier les chaleurs de la journée, et l'espace n'y manque pas. Enfin la ville, ou du moins ses grandes artères (car il ne faut rien exagérer) est relativement très propre; les voitures de place y sont nombreuses et d'un prix fort abordable. Seulement (car il y a un *seulement*) les mendiants y abondent par trop et la municipalité — dût le pittoresque y perdre — ferait sagement en cherchant à en diminuer le nombre. On me dit que cela viendra, que Rome ne s'est pas bâtie en un jour, ni Palerme non plus.

II

Palerme, 17 septembre 1879.

Mon Bædecker à la main, j'ai accompli toutes les pérégrinations que le dit Bædecker m'encourageait à faire. La chaleur est torride ; mais, malgré tout, j'ai rempli ma tâche de « touriste constatant » et je ne m'en repens pas. On voit à Palerme des choses admirables et qui ne se rencontrent à peu près nulle autre part. Je veux surtout parler de ces villas où éclate et s'épanouit la flore de l'Afrique, aloès, palmiers, dattiers, bananiers, citronniers, orangers, mandariniers, qui prospèrent partout et qui nous emportent bien loin de nos modestes vergers, de nos marronniers d'Inde et de nos ormeaux. La villa Rosa, l'*Orto Botanico*, la villa Tasca et bien d'autres s'ouvrent largement au voyageur qui recherche l'ombre et fuit la lumière trop éclatante du jour. Malheureusement l'eau — cette eau que Pindare, sous un soleil brûlant, déclarait « la meilleure des choses » — l'eau y manque, et c'est en vain qu'on cherche à y suppléer par quelques minces rigoles qui distribuent parcimonieusement une onde jaunâtre aux plantes altérées. L'eau manque aussi dans la ville, et nulle part on n'y rencontre quelqu'une de ces vastes fontaines de Rome si abondamment alimentées par les montagnes voisines. Aussi Palerme est-elle sans cesse parcourue par les vendeurs d'eau qui, une cruche à la main, crient de tous les côtés leur *aaaqua* et qui trouvent une concurrence assurément redoutable dans les marchands de limonade établis à tous les angles des rues. Ces limonadiers eux-mêmes sont énormément distancés par les marchands de fruits que l'on rencontre absolument partout et qui témoignent que le fruit, au moins dans cette saison, doit être la base de la nourriture du *popolino* palermitain.

Peu, très peu de cafés, sauf sur une ou deux localités privilégiées tels que le *Largo Marina*, une des belles places de la ville, et la Marine. Encore l'eau y joue-t-elle le rôle principal avec les boissons glacées. Ce n'est guère d'ailleurs que le soir que ces lieux de réunion présentent une réelle animation. Cela veut-il dire que Palerme est peuplé d'une race travailleuse et qui redoute l'oisiveté? C'est possible, mais je vous avoue que je n'en sais rien.

En somme, les monuments m'ont paru médiocres. La cathédrale a dû être fort belle; son aspect général et sa façade surtout sont réellement imposants;

mais, à l'intérieur, elle a été gâtée à plaisir par le genre d'ornementation qui plaisait si fort aux jésuites à la fin du XVIIme siècle et jusqu'au milieu du XVIIIme et qui a réussi à détruire, ou peu s'en faut, tant de splendides monuments de la piété des anciens âges. Heureusement les jésuites n'ont pas pu toucher à la chapelle du palais royal. Comme elle était tout entière ornée de peintures en mosaïques du XIme au XIIme siècle, ils n'avaient aucun moyen d'y introduire leurs anges bouffis et leurs vierges mondaines. A ce point de vue, cette chapelle est une vraie merveille de style où se sont mêlées la foi grecque de Byzance et la foi latine des Normands pour produire une œuvre qui n'a, je crois, son égale nulle part.

Quant au palais royal, c'est une de ces sortes de constructions dont l'originalité est complètement absente. Salons, chambres à coucher, salle de bal, etc., c'est partout la même chose et — sauf de beaux vases de Saxe — les « meubles meublants » ne m'ont pas paru de nature à émerveiller le visiteur qui n'en est pas à son début. Je passe sur les autres églises qui n'ont jamais rien eu, je crois, à démêler avec le grand art italien. Plus que Naples, la capitale de la Sicile a tenu à vivre de sa vie propre.

Le Musée est en formation. On l'a logé dans un respectable couvent, au beau cloître, aux salles suffisamment vastes, mais qui sont loin d'être encore remplies. Je ne vous parlerai pas de la collection de tableaux qui n'attire guère le curieux que hante le souvenir des trésors que possède l'Italie continentale. On n'y compte presque point d'originaux. La section des antiquités se compose d'abord de ce que j'appellerai — un peu irrévérencieusement peut-être — le bric à brac de nos Musées contemporains. Deux ou trois belles tombes étrusques, beaux vases de la Campanie, *terre cotte* de toute provenance, inscriptions, statues et bustes romains. Nous connaissons cela. J'en excepte cependant un superbe Ganymède qui ferait très bonne figure au Louvre ou au Vatican. Mais de chefs-d'œuvre purement et vraiment grecs, je crois qu'il n'y en a que fort peu. Athènes, à vrai dire, n'en compte pas beaucoup plus.

Ce que je tenais à voir c'étaient donc les métopes des temples de Sélinonte. Elles sont excellemment disposées et elles sont de plus accompagnées de quelques « gargouilles » d'un travail prodigieux, représentant des têtes d'animaux féroces. Ces métopes doivent être infiniment curieuses pour l'histoire de l'art, car elles me paraissent représenter (surtout celles du temple d'Hercule, au nombre de trois) le moment où le génie gréco-sicilien était encore soumis à l'influence phénicienne et carthaginoise et où il cherchait à s'en débarrasser.

A côté d'un Hercule et d'une Méduse absolument archaïques, se trouve un quadrige qui fait pressentir celui qui éclatera bientôt sur les médailles syracusaines. Les deux métopes du temple de Minerve et surtout les quatre métopes du temple de Jupiter nous font entrer de plein saut dans l'art grec; mais que nous sommes loin ici de Phidias et du Parthénon!

Phidias et Ictinus auraient-ils eu l'étrange idée de représenter sur leur indestructible monument Actéon déchiré par ses chiens et ces animaux pantelants autour de leur maître? Quoi qu'il en soit, il faut rendre justice à la parfaite intelligence avec laquelle ces précieux débris ont été reconstitués. La chose n'était pas très facile, elle était même périlleuse, car ces métopes sont d'une espèce de tuf qui m'a paru singulièrement fragile et les extrémités seules des statues en ronde bosse sont en marbre (pieds, mains, visages). On n'y a rien ajouté, rien raccommodé et l'on s'est borné à les replacer tels qu'ils devaient être vus des Sélinontins, sauf l'élévation bien entendu.

C'est un véritable service que le musée de Pàlerme a rendu à l'histoire de l'art. Il prend ainsi place à côté de la glyptothèque de Munich et de ses marbres d'Égine. Les marbres d'Égine et les métopes de Sélinonte sont-ils contemporains? C'est ce qu'il reste à décider.

De la rue Macqueda à Monreale la route est longue et brûlante. Mais il faut la franchir, si l'on ne veut pas quitter Palerme sans avoir vu une des merveilles de la Sicile, l'église de Monreale, admirable monument du XIIme siècle, scrupuleusement restauré et respecté. C'est en contemplant de pareils édifices où l'air, la lumière, le soleil se jouent de tous les côtés, avec leurs portes de bronze, leurs colonnes élancées, leur pavé sonore, leurs voûtes légères, que l'on comprend l'effroi que l'art gothique a toujours inspiré aux Italiens.

D'un couvent attenant, l'œil embrasse toute la *Conca d'Oro* resplendissante du feuillage des orangers. Ces beaux arbres semblent lui faire un dôme de verdure d'où émergent çà et là quelques petites maisons blanches.

Une demi-heure après, nous entrons dans le couvent des Capucins où le spectacle de la mort succède instantanément à celui de la vie. Dans les souterrains — fort bien éclairés d'ailleurs — sont accumulés les corps desséchés de tous les « notables bourgeois » de Palerme et de leurs ecclésiastiques, de leurs femmes et de leurs enfants. Au-dessus de ces souterrains venait de s'arrêter un bataillon de gais bersagliers qui, la plume au vent, allaient je ne sais où, mais qui faisaient halte à l'ombre des murs du couvent. L'un d'eux avait découvert dans le portique intérieur un de ces puits, si précieux en Sicile, d'où l'eau, puisée par un vieux seau de bois, arrive abondante, fraîche, pure. Quels transports dans toute cette joyeuse troupe à une heure de l'après-midi, sous le ciel de Palerme! Comme les Turcs, qui vont faire des pique-nique dans leurs cimetières, nos bersagliers ne s'inquiétaient guère des bons bourgeois de Palerme qui reposaient sous leurs pieds! « Que Dieu les conduise et les ramène tous au logis! » me dit le bon *sagriste* qui nous servait de cicérone dans ces lugubres demeures.

Quel que soit l'intérêt que présente Bædecker, je ne vous cacherai pas cependant que je l'ai plus d'une fois lâché pour m'enfoncer dans certains quartiers de Palerme dont il ne parle pas. Je voulais prendre sur le fait la vie populaire du Sicilien, et je me suis en particulier fort amusé au grand marché. Ce n'est pas, je vous prie de le croire, nos halles si proprettes et si bien disposées, qui font tant d'honneur à la municipalité genevoise. Ce serait précisément le contraire. Mais le marché n'en est pas moins « très bien » fréquenté. Les bourgeois de Palerme, en attendant d'aller dormir aux Capucins, mènent une assez bonne vie et en particulier — ce que je ne saurais leur reprocher — ils aiment à savoir ce qu'ils mangent. Or, par ce soleil d'Afrique et quand souffle le sirocco, tout y passe bien vite et le poisson surtout se gâte presque instantanément. Aussi ces Messieurs ne se fient-ils qu'à eux ; chaque matin on les voit « faire leur marché » et à cet effet arriver porteurs d'un très vaste mouchoir destiné à envelopper leurs acquisitions et à les rapporter au logis. Comme ils sont infiniment habiles, les marchandes épuiseraient leurs ruses et leur éloquence à vouloir les tromper... Et à ce propos permettez-moi, pour finir, une petite anecdote. La scène se passera dans telle ville que vous voudrez.

Le duc de ** (un des plus grands noms siciliens) se trouvait en visite de cérémonie chez Madame ***. La visite finie, la dame accompagne le noble étranger jusqu'à la porte de son salon, rentre et s'assied, quand tout à coup sa camériste se précipite effarée et lui murmure quelques mots à l'oreille. La dame se lève aussitôt, court à l'antichambre où elle trouve le duc parfaitement ganté, coiffé, sa canne sous un bras, et.... un gros melon sous l'autre. Le duc l'avait acheté en passant, frappé de sa bonne mine (peut-être à la Fusterie), l'avait déposé sur une table de l'antichambre avant de faire sa visite et le reprenait sa visite faite. — Mais, Monsieur le duc, vous ne prétendez pas porter à votre hôtel ce melon? Souffrez que mon domestique... — Pas du tout, Madame; j'ai acheté ce melon et je l'emporte. — Mais, Monsieur le duc... — Mais enfin, Madame, est-ce qu'on croira que je l'ai volé et votre police me cherchera-t-elle querelle pour cela? — Et le duc partit comme il était entré.

Était-ce un original? Était-ce un Palermitain? *Chi lo sa.* Je crois cependant que c'était un Palermitain.

Nous partons demain matin pour Agrigente.

III

DE PALERME A AGRIGENTE. — AGRIGENTI.

Agrigente, 17 septembre.

. . . .

Nous avons fait hier au soir nos adieux à Palerme. La rue Victor-Emmanuel et la rue Macqueda, qui se coupent à angles droits dans le *quadrivium* des IV cantons (cantons de la campagne de Palerme), étaient remplis d'une foule compacte et d'équipages qui circulaient lentement sur les trottoirs et sur les dalles de la voie publique, respirant l'air frais du soir. Il y avait quelque émotion dans cette foule parce que (si j'ai bien compris) une nouvelle municipalité avait interdit (je ne sais trop pourquoi) la musique qui devait se faire entendre au *Foro Italico*. Pour nous, nous avons simplement joui de cette animation qui, aux heures tardives de la soirée, répand dans les rues et sur les quais les populations du Midi. Ce matin le sirocco soufflait avec une certaine violence. Mais, si la température s'en ressentait, il avait du moins voilé les rayons du soleil, et comme le wagon des Calabro-Sicules était vaste et que nous l'occupions à nous seuls, nous avons pu contempler à loisir l'admirable campagne que nous traversions.

Nous longions, ou à peu près, la mer, et jusqu'au pied des montagnes arides qui enferment la *Conca d'Oro*, c'était toujours ce même océan de verdure que nous avions déjà admiré du haut de Monreale. Partout la terre est cultivée avec le plus grand soin et elle doit récompenser avec largesse le travail de l'agriculteur. Le charme cesse un peu au delà de Termini. Là, la *ferrovia* tourne brusquement à droite et s'enfonce dans le cœur de la Sicile. C'est le désert qui succède à l'oasis. L'eau a disparu et quelques flaques stagnantes annoncent seules la présence de « fleuves » que nous sommes censés traverser et auxquels notre carte donne gravement des noms. La vie semble s'être partout arrêtée; point d'arbres : quelques rares bourgades se dressent à l'horizon, perchées comme des nids d'aigle sur la cime d'un rocher. Ces collines desséchées, brûlées plutôt par un soleil ardent, ne montrent que des terres à blé qu'on laboure vers le 15 novembre et qu'on moissonne au 15 juin, sans plus s'en inquiéter. De temps à autre, passe un paysan *assis* sur son cheval ou sur sa mule avec son fusil couché en travers de sa monture.

Cependant le chemin de fer monte toujours. Il escalade ainsi le point culminant, le partage des eaux (ce n'est ici qu'une expression géographique), et, d'arrêts en arrêts, il finit cependant par arriver en vue de la mer d'Afrique.

Nous le laissons continuer sa route jusqu'au port d'Empédocle et nous franchissons, à la tombée de la nuit, sur une route excellente, les 2 ou 300 mètres qui séparent Girgenti de la station.

18 septembre.

Girgenti occupe l'emplacement de l'Acropole ou citadelle de l'ancienne Acragas ou Agrigente. Elle se compose essentiellement d'une longue rue, bien et solidement bâtie, d'où descendent ou montent, à droite ou à gauche, des *vicoli* qui m'ont paru assez analogues à notre Tour-de-Boël. Je n'ai pas poussé la comparaison plus loin. Mais, de quelque côté que l'on en sorte, on se trouve en présence d'une vue qui n'a que bien peu de rivales au monde pour son incomparable grandeur. Au pied même de l'Acropole, s'étend l'immense plaine sur laquelle s'élevait l'ancienne rivale de Syracuse et de Carthage. Ses murs, murs naturels formés par le rocher, ou artificiels, se distinguent aisément sur cet espace où rien n'arrête la vue. Au delà des murs, la plaine descend jusqu'à la mer dont le siroco soulève les vagues, et au fond, tout au fond, s'estompe une ligne bleuâtre qui est l'Afrique. L'île de Pantellaria est plus visible.

Comme ville, Agrigente, qui, au temps de sa splendeur sous Théron, pouvait contenir de 3 à 400 mille habitants, a disparu.

La nature a repris complètement ses droits sur la plaine que l'homme avait conquise et partout où un peu de terre végétale a pu s'arrêter, elle y fait aujourd'hui pousser à profusion les amandiers, les oliviers et surtout les figuiers de Barbarie qui offrent au passant altéré leurs fruits, à cette heure en pleine maturité. Cueille qui veut, il y en aura toujours assez. Quant à la ville elle-même, nous la retrouvons dans cette innombrable quantité de pierres brutes, à demi taillées, ou portant encore des traces de sculpture qui forment la multitude de ces murs de 2 à 3 pieds d'élévation dont tous les chemins sont bordés et sur lesquels poussent les figuiers de Barbarie. Il n'y a qu'à se baisser et à ramasser les matériaux dont on a besoin. Sous ce climat qui ignore la gelée, ces pierres, malgré leur nature assez friable, sont restées intactes. La carrière est inépuisable.

Mais si Agrigente, après avoir été, dans l'antiquité, une de ces cinq ou six villes dont le sort du monde a peut-être dépendu, a disparu comme cité, elle nous a laissé des monuments de sa grandeur qui sont impérissables. Je veux parler de ces temples que les Agrigentins avaient fièrement campés — passez-moi l'expression — sur la partie de leur ville qui regarde la mer et dont les colonnes, étincelant aux rayons du soleil, devaient proclamer aux yeux de tous les navigateurs la gloire de ce Théron que chantait Pindare[1]. L'élégant tombeau de Théron avec ses colonnettes ioniques s'élève encore au milieu de la plaine.

La destinée de ces temples a été d'ailleurs bien différente. Ceux de Junon et Lucine et de la Concorde (à gauche en regardant la mer) sont en partie intacts; les deux autres ne forment qu'une masse énorme de ruines dont l'œil a de la peine à saisir l'ensemble; de détails, il n'y en a plus.

Les deux premiers sont construits dans le pur style dorien, et l'on ne saurait rien voir de plus gracieux et de plus légèrement effilé que la colonnade de celui de Junon. Le second rivalise avec le premier. Il est encore très bien conservé; seulement il a servi d'église au moyen âge et les Normands, sans doute, ont remplacé les colonnes intérieures qui conduisaient à la *Cella* par leurs constructions en voûtes cintrées. De là une étrangeté d'aspect qui déroute au premier abord et dont on ne se dégage qu'en supprimant par la pensée cette église barbare et en la remplaçant par une colonnade semblable à celle de la partie

---

[1] Arduus inde Acragas ostentat maxima longe Mœnia.....
 Virg., *En.* III, 703.
Virgile avait vu Agrigente.

extérieure. Je ne crois pas qu'une seule de ces dernières ait été détruite. Toutes occupent encore la place qu'elles occupaient il y a 2300 ans.

Toutefois, nous sommes ici fort loin du Parthénon, dont la grandeur et la majesté restent incomparables. Si le Parthénon n'existait pas, les temples d'Agrigente passeraient, à ce que je crois, pour les plus beaux spécimens de l'architecture grecque du Vme siècle.

Le Parthénon existe encore et voilà ces deux charmants édifices relégués au second plan. D'un côté le génie, de l'autre la perfection de l'art. Mais, me direz-vous, la matière qui a servi à construire ces temples est bien pour quelque chose, pour beaucoup peut-être dans cette différence. — Assurément. Le Parthénon a été taillé dans ce splendide marbre pentélique que l'âge n'a fait que rendre plus éclatant et plus somptueux. Les temples d'Agrigente sont bâtis avec une pierre détestable en elle-même (elle est outrageusement poreuse et uniquement composée de coquilles), et, placée à côté des marbres du Parthénon, cette pierre ferait aujourd'hui la plus triste figure. Mais les Agrigentins ne s'étaient pas laissé distancer à ce point par les Athéniens qui, à partir de Périclès et de Phidias — nous touchons là à l'une des plus vives douleurs des Siciliens — étaient devenus les grands maîtres de l'art. Pour cacher la nudité de leur pierre, ils l'avaient revêtue d'un double mastic ; l'un était une sorte de mortier avec lequel étaient soigneusement bouchés tous les trous, tous les pores des coquilles forcément laissés par le ciseau du sculpteur. Sur cette première couche, ils passaient un second enduit dont la base était le marbre pulvérisé. Presque partout où les colonnes sont exposées à l'ardeur du soleil et du sirocco, ces enduits se sont détachés. Il en reste cependant assez, surtout aux quatre colonnes du délicieux temple de Léda, pour juger de l'effet de cette invention. De loin comme de près, c'est du marbre, et j'ai eu toutes les peines du monde à l'écailler avec un excellent couteau.

Ne pouvant rivaliser avec Athènes, les Doriens d'Agrigente ont-ils voulu faire *plus grand* que la métropole de l'Ionie? Est-ce ce désir qui a donné naissance à leurs deux temples d'Hercule et des Géants? Ou bien ont-ils simplement subi l'influence carthaginoise et phénicienne?

Je ne crois pas que l'histoire de l'art se soit encore prononcée à ce sujet. Mais ce que je sais bien c'est qu'il est difficile de contempler quelque chose d'aussi énorme. Rien n'est plus authentique que ces célèbres cannelures de colonnes, dans lesquelles un homme tient couché; or, tous les tympans sont de cette dimension y compris les *Géants* qui devaient servir d'ornement et peut-être de *gaieté* à cet immense amas de pierres et dont un ou deux jonchent encore le sol de leurs membres difformes et disloqués. Non, je ne saurais croire que ce soit l'art grec qui ait jamais conçu de semblables témérités. Les Grecs ont su, mieux qu'aucun autre peuple, ce que l'art peut tenter et ce qu'il doit repousser, sous peine de tomber dans l'extravagance. Les Carthaginois doivent avoir passé par là et avoir obtenu des Agrigentins la permission d'élever leurs colosses à côté de l'admirable élégance des temples de Junon et de la Concorde.

Du reste, le châtiment est venu. Ces deux temples ne sont plus aujourd'hui que d'informes ruines : les deux chefs-d'œuvre de l'art dorien subsisteront à toujours.

Il est d'ailleurs impossible qu'un tremblement de terre ait renversé les deux sanctuaires d'Hercule et des Géants. Jamais le vieil Encelade, avec tous les Cyclopes de l'Etna, n'en serait venu à bout, et les deux temples doriens auraient été les premières victimes de ses fureurs.

Ces temples gigantesques ont été renversés par une main qui savait ce qu'elle faisait. Partout au bas des colonnes étalées sur le sol, vous remarquerez sur le premier tympan, un travail d'ouvrier parfaitement visible. La base et l'équilibre faisant défaut, ces colonnes ont dû être entraînées par l'énormité de leur poids total et surtout celui de leurs architraves et le reste a suivi. Serait-ce par hasard une œuvre car-

---

[1] Il est bien entendu que je ne discute pas la valeur de tous ces noms. Je ne les donne que parce qu'ils se trouvent partout ; mais j'avoue que j'ignore complètement par quels renseignements historiques on les justifie. J'en dis autant du tombeau de Théron.

thaginoise qu'Agrigentins et Romains ont voulu faire ainsi disparaître? L'histoire est, ce me semble, aussi muette sur cette catastrophe que, du reste, sur les destinées d'Agrigente à partir de l'époque romaine.

Avec le temple de Junon et Lucine, celui de la Concorde (Homonoïa) et les quatre colonnes du temple de Léda, la plaine d'Agrigente garde encore des *columbaria* romains creusés dans les casemates des anciennes fortifications. Elle garde aussi — et c'est par là qu'elle se rattache à ses premiers colons — une source limpide, agréable, qui sort, sans s'épuiser jamais, du sein de la plaine.

Quand nous nous en sommes approchés, cette source était entourée d'âniers qui y remplissaient leurs jarres ou plutôt leurs amphores (pointues à l'extrémité) et qui allaient ensuite vendre leur précieux fardeau à la ville (5 cent. le grand verre). Cela m'a rappelé Syra, où fleurit le même commerce, autour aussi d'une unique source. C'est près de ces sources que se sont fondées toutes les villes grecques. C'est aussi pour cela qu'elles étaient sacrées.

Même date: — neuf heures du soir.

Avant d'aller chercher un repos, je vous assure, bien mérité, vous me permettrez de glisser ici une petite anecdote :

Hier, au soir, me promenant dans la grande rue de Girgenti, j'avais été devancé par deux jeunes gens qui m'avaient salué d'un « Bon jour, Monsieur, » des plus courtois. J'avais bien été quelque peu surpris d'être connu si loin du square des Contamines, mais je ne m'en étais nullement offusqué. Ce matin, en sortant du temple de Junon pour descendre à celui de la Concorde, nous apercevons à quelque distance un grand landau à deux chevaux : « Ce sont des étrangers qui viennent voir les ruines, » nous disons-nous, et nous continuons nos pérégrinations. Un quart d'heure après, j'examinais l'emplacement d'un tombeau creusé dans le pavé du péristyle sud du temple de la Concorde, lorsque j'aperçus nos deux jeunes gens de la veille se diriger vers moi. Comme j'étais seul (mes deux compagnes étaient à l'autre bout du temple), impossible de se tromper sur leur intention. Ils arrivent, et, se mettant chacun à mon côté, ils tirent simultanément un cigare de leur paletot et me le présentent en me disant : « Fumez-vous, Monsieur ? » — Assez étonné, je les remercie en leur faisant observer que, par 40° de chaleur, le cigare est pour moi hors de saison.

« Vous êtes de Paris, Monsieur ? — Non, Messieurs. — Alors de Marseille ? — Non, Messieurs. — Mais vous connaissez le comte M...t ? C'est un de nos meilleurs amis. — Non, Messieurs. »

La conversation languissait et j'avais hâte de me retrouver seul avec mes souvenirs. — Un peu interdits, ces deux jeunes gens s'éloignent et je reprends le cours de mes observations.

Une demi-heure après je racontais à mes deux compagnes ce court dialogue, lorsque je vis revenir mes interlocuteurs. La conversation se précisa. Ils avaient supposé que je venais voir les merveilles de la Sicile (je m'inclinai), et parmi ces merveilles ils plaçaient les soufrières, dont, entre nous, je ne me souciais que médiocrement. Or, l'un d'eux possédait à une demi-lieue de Girgenti une très belle soufrière, à laquelle attenait une villa, et il aurait été charmé, nous dit-il, avec la plus aimable politesse, de nous en faire les honneurs. Son landau était à notre disposition quand nous reviendrions des ruines, et tout, là-bas, serait prêt pour nous recevoir... L'offre était séduisante, on en conviendra : mais — car ici encore il y avait un *mais,* et où n'y en a-t-il pas ? — la visite des ruines devait nous prendre cinq bonnes heures, par une température véritablement torride. Or, ce pèlerinage accompli, il était clair que nous n'avions plus qu'à regagner notre hôtel et à chercher quelques moments de repos. Mes compagnes et moi nous nous consultâmes du regard et un remerciement bien cordial, mais négatif, fut la conséquence de cette muette entente. L'offre fut de nouveau renouvelée un peu plus tard avec les mêmes instances polies ; elle fut de nouveau déclinée..... Ces jeunes gens appartenaient, m'a-t-on dit, à la plus haute société de Girgenti. Ils avaient vu la France et parlaient assez bien français. Évidemment ils auraient voulu s'entretenir avec nous de ces pays du Nord dont ils avaient peut-être la nostalgie et des hommes et des événements du jour... Mais un voyage comme le nôtre avait ses nécessités inexorables et c'est avec un vif regret que nous dûmes renoncer à prolonger notre séjour dans une ville si hospitalière[1].

[1] On comprend que cette petite anecdote ne pouvait trouver place dans le *Journal de Genève*.

IV

Catane, 20 septembre.

. . . .

On sort d'Agrigente par le chemin de fer qui vous y conduit, mais ce chemin ne rejoint pas encore celui qui aboutit à Catane. Les deux *ferrovie* sont réunies par un *servizio ippico*, autant dire des omnibus, qui vous font parcourir en trois heures la distance qui sépare Caldare de Canicatti. Je redoutais ce trajet sur des routes dépouillées de toute espèce d'ombre et par un soleil brûlant dans les heures les plus chaudes de la journée. Cette crainte ne s'est pas réalisée. Les routes de la Sicile (je ne parle naturellement que de celles que j'ai parcourues) ont cet immense privilège d'être dépourvues dans cette saison de toute poussière. Construites sur un sol très dur, sans ornières, sans gros cailloux (c'est, je crois, le type des anciennes voies romaines), la voiture roule sur leurs pentes comme sur de l'asphalte ou des dalles, en offrant toute sécurité pour le pied des chevaux. De là l'étonnante simplicité des voitures siciliennes. C'est une longue boîte carrée, posée sur deux vastes roues réunies par une traverse et c'est tout; et à vrai dire il n'en faut pas davantage pour transporter les fruits et les légumes, et surtout les monceaux de soufre en masse ou en sacs que livrent au commerce les soufrières dont les légères vapeurs bleues bornent notre horizon. Nous sommes, paraît-il, au centre du commerce du soufre qui, grâce à l'oïdium, a considérablement enrichi le pays, le malheur des uns ayant fait ici la prospérité des autres. Mais les prix sont en baisse (avec l'oïdium) et les transactions ont repris une allure plus normale. Tous ces approvisionnements vont à Caldare d'où ils seront dirigés sur Termini ou sur Palerme.

A Caldare même, la foule est assez nombreuse et la gare est quelque peu encombrée d'un tas de jeunes Siciliens déguenillés qui, par leurs empressements, cherchent à gagner quelques centimes et qui me paraissent recueillir, auprès de leurs compatriotes plus rassis, plus de calottes que de gros sous. Notre omnibus est une vieille patache qui doit dater du temps de la reine Caroline; mais il est ouvert à tous les vents, suffisamment abrité et emporté par trois vigoureux chevaux qui se battent aussitôt qu'ils s'arrêtent. Quelques Siciliens y prennent place avec nous, et bientôt la conversation s'engage, comme du temps d'Homère: « Qui êtes-vous, d'où venez-vous, resterez-vous encore longtemps en Sicile ? » Puis: « Comment vous plaît notre pays ? Comment avez vous trouvé Palerme ? » Les éloges bien sentis que nous donnons à tout ce que nous avons déjà vu ravissent d'aise ces Siciliens qui m'ont paru en général très patriotes et très susceptibles à l'endroit de leur pays. En revanche, je ne remarque pas grande admiration de leur part pour les « Italiens. » Cela date d'ailleurs de loin. Tout en causant (tant bien que mal), notre vieil omnibus nous emporte au trot toujours égal de nos trois chevaux; que ces braves bêtes montent ou descendent, peu leur importe. La route circule au travers de terres à blé, dont la moisson s'est faite depuis trois mois et dès lors il n'est pas tombé une goutte de pluie. De ruisseaux et surtout de rivières, il n'en est pas plus question ici que sur la route de Termini à Girgenti.

A mi-chemin (Regalbuto, je crois) la caravane souffle un instant. On se précipite vers un café où — *subito* — l'hôtesse vient placer devant chacun de nous un verre rempli de glace pilée et de neige humectée d'une légère teinte de *limone*[1]. Pas trace de vin et encore moins de liqueurs. On déguste, on paie et l'on remonte en voiture. Un peu plus loin, ma compagne avise une corbeille de magnifiques

---

[1] Le système Raoul Pictet est en pleine vogue à Palerme et à Girgenti. A Regalbuto on en est encore à la neige de l'Etna.

raisins. Un Sicilien fait un signe (je vous prie de croire qu'avec eux il n'est pas besoin de longues explications), et voilà trois grappes, sœurs de celles de Chanaan (nous en aurons à consommer jusqu'au soir) qui prennent aussitôt place à côté de nous. Nous voulons payer. Nos Siciliens se récrient. Des raisins ne se paient pas ! Ma compagne réussit cependant à laisser tomber quelques sous dans le tablier d'une petite fille. Réclamations plus énergiques encore : « Mais c'est absurde. Pour ces quelques sous, nous aurions eu toute la provision ! » C'est au tour de ma compagne à se récrier et à expliquer à ces braves Sicéliotes qu'à son départ de Genève, voulant emporter quelques raisins, elle a dû les payer 1 fr. la livre. Ils ne comprennent pas. Enfin je fais entendre à l'un d'eux qu'une livre chez nous égale un 1/2 kilo, et il transmet mon explication à ses compagnons. Ceux-ci ne rient pas ; mais le coin de l'œil qui s'abaisse vers le coin remontant de la bouche m'indique qu'il est à peine permis à des étrangers, venus de si loin, de conter à d'honnêtes Siciliens de pareilles *burle*.

Un coup de sifflet se fait entendre. C'est le chemin de fer, fort bien établi, malgré les très nombreuses difficultés que lui opposait la nature des lieux (il compte au moins une vingtaine de tunnels), et desservi avec la plus parfaite courtoisie par les employés de tout ordre. Point de cris, point de tumulte, point de réclamations, chacun prend tranquillement sa place, sort et remonte *ad libitum* à tous les arrêts, et certes l'on ne se croirait guère au centre de ces populations qui passent pour être violentes et impétueuses entre toutes.

Avant tout je dois constater que le costume sicilien tend à disparaître. Ici, comme ailleurs, les magasins de confection ont fait leur œuvre de nivellement. Les haillons eux-mêmes sont des haillons *confectionnés*. Il en est de même des coiffures. Les femmes sont coiffées d'un foulard ou vont en cheveux; les hommes ont abandonné le bonnet carré, retombant sur les épaules pour le petit feutre noir. La culotte et les bottes à mi-jambe ont quasi disparu. Néanmoins, les gares nous offrent un spectacle toujours amusant par les petites scènes qui s'y passent. En voici une.

Ma compagne mourait de soif. Point d'eau à la gare. Un employé m'explique que l'eau ne se trouve qu'à cinq minutes de là. Un grand diable de vingt ans, découplé comme un cerf, ne perdait pas du regard la bouteille vide que j'avais à la main. Il avait suivi et compris toute ma conversation avec l'employé. Il me fait un signe. Je lui tends ma bouteille et je lui montre en même temps une superbe pièce de 50 centimes toute neuve, qui brillait au soleil. Non, jamais flèche lancée par un vigoureux archer, ou plutôt jamais coureur parti pour Olympie de Syracuse, d'Himère ou d'Acragas ne franchit l'espace avec une pareille vélocité ! A peine avais-je eu le temps de le suivre en pensée qu'il était déjà de retour avec sa bouteille pleine d'une eau fraîche et limpide... Donnant, donnant.

Mais alors quels cris, quelles exclamations parmi ses camarades au-dessus des têtes desquels il élevait la bienheureuse pièce. Quels regards jetaient ses compagnons sur le mortel assez heureux — moi, s'il vous plait, — pour dispenser de pareilles béatitudes¹!... *Pronti, partenza, signori!* Le train siffle et nous entraîne.

Voulez-vous encore une petite anecdote où l'eau et l'argent jouent leur rôle? Je prenais un de ces verres d'eau anisée que rencontre à chaque pas le voyageur et le font succomber à une tentation, que j'estime, pour ma part, irrésistible. C'était une affreuse vieille qui tenait sa boutique en plein vent et j'avais été aussitôt entouré d'une douzaine de jeunes Siciliens qui ne perdaient pas un seul de mes mouvements. Je dépose une pièce de dix centimes sur « le comptoir » et je bois. Silence dans toute la troupe. La vieille empoche mes deux sous. Je replace mon verre et fais mine de m'éloigner. Aussitôt des cris discordants poussés par toutes ces bouches apostrophent la vieille. Je ne sais pas un traître mot de sicilien, mais j'en comprenais assez pour me rendre compte de l'esprit de justice qui animait ces jeunes patriotes.

Ils reprochaient à la vieille d'extorquer au *forestiere* le sou qu'elle aurait dû lui rendre et la sommaient de s'exécuter. La vieille se défendait comme un beau diable, affirmant que je le lui avais *donné*. Toutes ces mines se retournent vers moi et m'interrogent avec anxiété. Je fais un signe négatif. Aussitôt les cris redoublent, si bien que la vieille dut replonger ses griffes aigues dans cette poche où sonnait sa ferraille et me rendre le sou qu'elle détenait à mon détriment. A cette vue, des clameurs de triomphe succèdent aux accents de l'indignation : la justice sicilienne était satisfaite... Je sais plus d'un hôtel où j'ai été beaucoup mieux étrillé que cela et où personne n'a pris la défense du *forestiere* réduit à sa seule éloquence.

Mais pendant que nous causons et que nous contemplons ces figures, ces scènes et ces paysages si nouveaux pour nous, la nuit est venue. Le faible disque de la lune et

<blockquote>Cette obscure clarté qui tombe des étoiles</blockquote>

nous dérobent la vue de tous les objets.

Nous traversons stations sur stations, et enfin Catane nous apparaît étincelante de gaz. Un compatriote, M. Hasler (Grison), nous reçoit au seuil de son magnifique hôtel et nous allons chercher un repos, de nouveau bien mérité, par douze heures de *ferrovia* et d'omnibus.

V

Syracuse, 21 septembre.

. . . .

Les Grecs disaient qu'il n'était pas facile d'aller à Corinthe. Syracuse n'est pas non plus des plus accessibles, car il faut se lever à 4 heures du matin si l'on veut profiter du train et revenir coucher à Catane. Il paraît qu'on ne couche guère à Syracuse et pour cause[1]. On part donc de vive nuit; mais, en échange, on a le plaisir de voir le soleil se lever sur la Mer Ionienne et éclairer de ses rayons encore attiédis un charmant paysage. D'un côté, la mer aux flots étincelants; de l'autre un pays admirablement cultivé et arrosé de nombreuses rivières qui descendent de l'Etna et de ses ramifications. Cette fois, c'est de

---

[1] On parlait alors de fièvres. Il paraît, comme je l'ai appris depuis, que cette rumeur était au moins fort exagérée.

l'eau « pour de bon, » et le Simeto porte à la mer des flots troubles et jaunâtres qui feraient honneur à l'Arve. Il y a même un lac, un véritable lac, qui n'est pas du tout un marais. Il égaie le paysage ; mais hélas ! on lui attribue les fièvres terribles qui désolent trop souvent ce fortuné pays et contre lesquelles la médecine s'est montrée jusqu'ici à peu près impuissante. Joignez-y des prés, des troupeaux, bref, une végétation toute puissante partout où la lave n'affleure pas le sol, orangers, figuiers et figuiers d'Inde, caroubiers, oliviers, grenadiers, et vous n'aurez encore qu'une faible idée des contrées qui séparent Catane de Syracuse.

A Syracuse même, la déception est grande, je vous dirai bientôt pourquoi. Si l'on y est venu avec un Thucydide dans sa poche et l'intention de retrouver sur le terrain les scènes principales de ce siège qu'a immortalisé l'historien d'Athènes, on s'aperçoit bientôt qu'il faudrait une huitaine de jours pour cela, et encore ! Les fortifications de Syracuse embrassaient, à cette époque, une demi-circonférence de 30 à 40 kilomètres, sans parler des fortifications des divers quartiers, et les lignes de circonvallation des Athéniens étaient naturellement beaucoup plus considérables. Or, tout cet espace est actuellement couvert de jardins, de maisons, de substructions, de ruines, de rochers, etc., et, en admettant qu'il soit facile de suivre Thucydide sur ce terrain (ce qui n'est pas), il est évident que ce n'est ni un jour ni peut-être huit jours qui suffiraient à cette enquête. J'ai entendu parfois des voyageurs se vanter d'avoir accompli cet exploit entre un lever et un coucher de soleil. Je sais maintenant à quoi m'en tenir sur cette affirmation.

Comme à Girgenti, l'immense emplacement qu'occupait Syracuse, à l'époque de sa lutte contre Athènes, n'est plus qu'une vaste campagne, et les différents quartiers qui le remplissaient, Achradine, Tyché, Neapolis, les Épipoles, etc., ont tous disparu, sauf Ortygie. On reconnaît assez bien les emplacements qu'ils occupaient, mais c'est là tout.

Il ne faut donc pas prétendre ici à quelque chose d'absolument affirmatif. Le sol, dans certaines carrières à peu près fermées à l'air et au soleil, s'est élevé de plus de deux mètres (je l'ai constaté moi-même). Que sera-ce dans une ville où toutes les maisons se sont successivement écroulées les unes sur les autres, où les cultures ont remplacé les rues et les places publiques, où les ruines se sont accumulées avec la suite des siècles. Cette surélévation du sol est partout visible, mais nulle part on ne la constate mieux qu'à l'amphithéâtre (romain), où elle m'a semblé être d'une dizaine de mètres au moins.

Donc point de ruines véritables: tout a été ou brisé ou rasé. Nous saluerons, si vous le voulez, les tombes de Timoléon et d'Archimède, mais nous n'y verrons que les débris de simples tombeaux grecs, comme il s'en rencontre partout. On me montrerait sur la tombe d'Archimède la sphère et le cylindre qu'y découvrit Cicéron, que je persisterais dans mon scepticisme. Il y a bien un théâtre et un amphithéâtre, mais de beaucoup inférieurs à ceux de Nîmes et d'Arles pour ne parler que de ceux qui sont les plus rapprochés de nous. L'emplacement du temple de Jupiter est fort beau; mais ce n'est qu'un emplacement, et il n'offre rien de particulièrement intéressant à qui vient de passer un jour au milieu des ruines de Girgenti. En revanche, Syracuse a ses latomies et ses catacombes.

Chacun sait que ces *latomies* ou carrières de pierres sont de vastes excavations taillées dans le roc vif. Les Grecs apportaient à toutes les opérations qui relèvent de l'architecture une attention, je dirais presque un respect, qui aurait pu être plus remarqué. Jamais ils n'ont « brutalisé » leurs carrières. Ils leur demandaient ce qu'il leur fallait; rien de plus.

Sur les pentes du Pentélique on a fait sauter plus de marbre pour bâtir l'espèce de caserne qui sert de palais à la royauté moderne de la Grèce, que pour élever tous les monuments d'Athènes, y compris le Parthénon. Syracuse a fait comme Athènes pour ses carrières de calcaire, très fin, extrêmement dur à la surface, facilement attaquable à l'intérieur, d'où est sortie la ville et qui ont formé les *latomies*.

La plus remarquable est assurément celle du couvent des Capucins (aujourd'hui Municipale). Ses murailles, coupées au ciseau, ont au moins une centaine de pieds de hauteur perpendiculaire, et sur son sol a crû et grandi le plus charmant des vergers, où circulent de modestes sentiers à l'ombre des oliviers et des figuiers. C'est dans ces latomies que furent enfermés les 8 à 10,000 prisonniers athéniens que la capitulation de Démosthène et de Nicias avait fait tomber entre les mains des Syracusains. Sortir de ces latomies était chose impossible : c'est pourquoi je doute beaucoup que Syracuse ait employé tous ces malheureux à travailler le roc, car c'eût été leur donner des outils et autoriser la construction d'échafaudages dont ils auraient pu se servir pour s'échapper.

On ne fait pas d'ailleurs travailler ainsi dans une pareille carrière 8 à 10,000 hommes à la fois. Un certain nombre sans doute était occupé, mais la masse devait y vivre dans l'inaction et le désespoir. On leur distribuait, comme aux esclaves, une certaine quantité de blé ou de farine et des fruits qui ne manquaient pas. Quant à l'eau, le beau puits, qui est situé à l'entrée même de cette latomie, en fournissait autant qu'il leur en fallait. Ils devaient attendre dans cette situation qu'ils fussent vendus comme esclaves.

Telle était la loi inexorable de la guerre. Je me les représente volontiers le soir, leur journée de travail ou d'isolement finie, occupés comme je voyais hier les pêcheurs de Catane. L'un d'eux, appuyé contre le mur du quai, tenait de la main gauche un volume de poésies populaires, faisant de la droite ces gestes admirables dans lesquels les Siciliens sont passés maîtres. Il lisait à haute et très intelligible voix. Son auditoire se composait d'une vingtaine de ses compagnons assis sur le sol autour de lui, les coudes sur les genoux, la figure dans les mains, qui ne perdaient pas un mot de ce qu'ils écoutaient si passionnément.

Ainsi devaient se grouper les prisonniers athéniens autour de ceux qui avaient retenu tout ou partie de quelque pièce d'Eschyle, de Sophocle ou d'Euripide. Assurément, ils ne demandaient pas cet admirable chant de guerre des *Perses* (Allons, enfants de l'Hellade, délivrez la patrie!) le prototype à jamais inimitable de toutes les *Marseillaises* passées, présentes ou futures; mais que de larmes amères ont dû faire verser les deux grands chœurs de l'*Hécube* d'Euripide, dans lesquels se résume la plainte la plus touchante à la fois et la plus expressive qu'ait jamais fait entendre la bouche d'un vaincu! Ce sont peut-être ces vers que leur achetèrent les Syracusains, et au prix desquels ils remirent ces chanteurs en liberté.

Les autres *latomies* ne sont que la répétition — y compris celle de l'Oreille de Denys — de la latomie des Capucins. La latomie de l'Oreille offre un très agréable écho et celle des Cordiers (je crois) une source qui descend le long de ses murailles. Toutes sont des asiles de fraîcheur et de profonde tranquillité, si agréables par ces journées tropicales. Celles dont je vais vous parler sont fort différentes.

Les catacombes de Syracuse ne sont en effet que des latomies conduites sur un plan différent. Ici le peuple industrieux des Grecs semble avoir voulu combiner encore deux choses: sur le sol, la latomie était une carrière et servait en même temps de prison. Sous le sol, c'est toujours une carrière, mais ce sera aussi un cimetière, le plus admirablement agencé de tous les lieux destinés au repos éternel de l'homme.

Nous ne retrouvons plus ici les étroits et obscurs *cuniculi*, taillés dans le péperin que nous offrent Rome et la campagne romaine. Nous sommes en présence d'une véritable « ville des morts, » située à une dizaine de pieds au-dessous du sol, dans laquelle il devait être facile de se retrouver. C'est dans les catacombes de Syracuse que Châteaubriand aurait dû placer sa fameuse scène des *Martyrs*. A Rome, elle était tout simplement impossible. A Syracuse, nous circulons dans des rues de dix à douze pieds de haut et nous rencontrons plusieurs places qui affectent (chose remarquable) absolument l'aspect du Panthéon de Rome avec sa coupole surbaissée. Ce rapprochement déciderait pour moi la destination de l'édifice d'Agrippa.

Le long de ces rues, autour de ces places, s'ouvrent des *loculi* ou cavités dans lesquelles les morts étaient enfermés, soit seuls, soit dans des caveaux de famille. Une inscription conservait le souvenir de celui dont on voulait garder la mémoire. De cette façon, toute confusion était impossible. Quant à l'étendue de ces catacombes, elle est encore inconnue. Comme elles prenaient jour sur le sol partout où la chose était nécessaire, on en retrouve, paraît-il, encore quelquefois. Le sol sur lequel je marchais était singulièrement sonore. Était-ce un effet de l'écho, ou de nouvelles catacombes circulaient-elles encore sous mes pieds? Je ne sais. Quoi qu'il en soit, toutes celles que j'ai parcourues ont été pillées et violées déjà dans l'antiquité.

Ces catacombes ont servi naturellement de sépulture aux chrétiens comme aux païens, et plus d'un martyr a dû y être enseveli. St. Paul, si je me rappelle bien, a passé trois jours à Syracuse[1], avant d'aborder à Reggio, à Pouzzoles, au Forum d'Appius, et il est plus que probable qu'il y annonça la parole nouvelle. Mais, suivant la légende, ce fut un disciple de saint Pierre, saint Marcien, qui y fonda la première communauté chrétienne, et, de fait, l'église (aujourd'hui souterraine) qui ouvre sur les catacombes, est à ce point de vue un édifice infiniment curieux. Il est évidemment du IIme ou du IIIme siècle, et aussi ancien (si ce n'est plus) que les plus vieilles églises de Rome. Les quatre évangélistes, sculptés en pierre de Syracuse, sont du plus archaïque dessin, et l'on peut en dire autant de quelques fresques éparses dans les catacombes et dans l'église elle-même; elles m'ont paru du moins remonter à une très haute et très respectable antiquité, et ne le cèdent en rien, non plus, à celles de Rome.

---

[1] Ma mémoire ne m'avait pas trompé. Voyez Actes des apôtres, XXVIII, 12.

VI

Syracuse, même date.

Si la rapide excursion que nous venons de faire autour de Syracuse ne vous a pas trop fatigués (la chaleur, il est vrai, est toujours torride), voulez-vous me suivre dans la ville elle-même ? Peut-être la promenade ne manquera-t-elle pas de quelque intérêt. Je vous rappellerai d'abord que la ville actuelle est bâtie dans une ile qui tantôt s'est rattachée au continent par un pont, tantôt s'en est séparée par des fossés et qui rappelle assez bien la forme de notre ile du Rhône. Seulement el'e doit être de trois ou quatre fois plus grande. — On y arrive par des ponts-levis qui donnent à cette brave petite cité les apparences d'une place de guerre. qualité qu'elle pouvait affecter sous Charles Quint, mais à laquelle elle ne peut plus prétendre de nos jours. Laissant de côté le palais archiépiscopal et celui du gouverneur (ces édifices sont loin d'être sans mérite), le voyageur va droit à la cathédrale, débris auguste d'un temple de Minerve. Le temple s'est conservé tel quel ou peu s'en faut. Seulement on a été obligé de rapiécer telle de ses belles colonnes doriques, d'en caler telle autre, victime de quelque tremblement de terre, enfin de faire disparaître la *cella* pour faire place au chœur. Mais, comme aspect général, c'est encore saisissant.

Toutefois je crains fort que les Syracusains de nos jours n'aient guère plus de respect pour le sanctuaire de la Divinité que n'en montraient les sceptiques contemporains des Platon et des Denys. La messe résonnait à grand orchestre, et je puis vous affirmer que les « chantres gagés » de l'archevêque de Syracuse louaient Dieu à pleins poumons.

En dehors du chœur, on allait et on venait comme chez soi. J'examinais, dans un coin de l'édifice, un très beau vase grec du IVme siècle (à en juger du moins par les lettres de son inscription) et j'essayais de *me* le restituer, car il a dû servir de fonts baptismaux et il a perdu son caractère primitif. Aussitôt c'est à qui s'empressera autour de moi et me donnera — *alta voce* — les explications que je ne demande pas.

En quittant la cathédrale, j'entre au Musée. Il est tout grand ouvert et plusieurs Syracusains des plus aimables et des plus accueillants y causent paisiblement au frais. C'est d'ailleurs une pièce unique où s'est entassé un fouillis de pierres romaines, mais où brillent deux chefs-d'œuvre.

L'un est la Vénus de Syracuse, un des cinq ou six types les plus parfaits de la *Vénus pudique*. Elle n'a point de tête; un Syracusain, un peu léger, me dit, *sotto voce*, cette fois, que ce n'est pas un défaut pour une femme; mais le reste du corps est absolument intact, sauf la moitié du bras droit qui cachait la poitrine, et surtout dépourvu de toute restauration et de toute retouche. Cette statue doit être contemporaine d'Auguste.

A côté est un magnifique sarcophage taillé, en forme de cuve, dans un seul bloc de marbre. Il remonte sans nul doute au IVme siècle de notre ère, car il offre les représentations accoutumées de ces sortes de sépultures si nombreuses dans le Midi de la France, dont on a pu fixer à peu près la date : Adam et Ève, Abraham, Moïse et les Tables de la loi, les trois jeunes Hébreux, etc.

Jusque-là rien de bien nouveau. Mais ce qui le distingue, c'est en haut, à gauche, un de ces bas-reliefs qui, étudiés de plus près depuis quelques années, jettent un jour singulier sur certaines idées que se faisaient les chrétiens à cette époque de notre destination après cette vie. Cette composition se divise en trois parties. A gauche se voit une jeune fille (la morte) qui s'avance entourée de ses compagnes. Au milieu est la mère, à genoux, dans l'attitude des *orantes*, et tendant les bras vers une femme assise sur un fauteuil ou trône byzantin, les regards sévères et fixés devant elle. Cette sainte est la patronne de la jeune fille (et non la Vierge) qui entre dans le séjour des bienheureux et à laquelle sa mère la recommande avec larmes et supplications. J'avais déjà copié l'inscription qui surmonte le sarcophage et je m'apprêtais à prendre un croquis tel quel de ce petit bas-relief quand un des assistants m'avertit charitablement qu'on l'avait tout dernièrement adressé à un *dottissimo Francese* et que, par suite, la peine que j'allais prendre serait bien inutile. Ce *dottissimo Francese* n'était autre que mon excellent et savant ami, M. Edmond Le Blant, membre de l'Institut, dont les travaux ont déjà jeté de si vives lumières sur la propagation du christianisme primitif en Occident. Je voulais lui faire la surprise du bas-relief de Syracuse. J'aurais dû me douter que sa sagacité m'avait déjà devancé.

Et Aréthuse? Ah oui, parlons d'Aréthuse et de sa fontaine... J'avais, pour cette Nymphe, illustre et illustrée entre toutes les Nymphes, passé devant l'*Ecu di Savoja* (on prononce drôlement ce nom à Syracuse) et détourné la tête de ses voûtes ombreuses et fraîches.

Je me répétais

Extremum hunc, Arethusa, mihi concede laborem,

et j'allais droit à mon but. Hélas! quelle déception! Après cela fiez-vous aux poètes!

Je m'attendais à trouver une de ces sources autour

desquelles s'épanouissaient dans l'antiquité les peupliers et les ormeaux plantés de la main même des divinités. Au lieu de cela, une demi-circonférence en pierre très blanche et très bien taillée, profonde de 3 à 4 mètres, au fond de laquelle court une eau limpide qu'animent une demi-douzaine de jeunes canards et quelques touffes de papyrus[1] qui tremblent et frissonnent au souffle du vent. Voilà la fontaine Aréthuse, de cette nymphe dont le charmant profil donne aujourd'hui tant de valeur, auprès des artistes et des numismates, aux tétradrachmes de la grande cité dorienne. Quant à la source elle-même, autre déception. C'est tout simplement le dégorgeoir d'un très vieil aqueduc qui vient on ne sait d'où, qui va on ne sait où et que les Syracusains avaient sans nul doute ouvert pour se procurer de l'eau fraîche à cette extrémité de l'île d'Ortygie.

. . . .

J'avais vu à peu près tout ce que je voulais ou plutôt tout ce que je pouvais voir à Syracuse. Je n'avais plus aucune raison de résister aux appels tentateurs de l'*Ecu di Savoja* :

> Pandentemque sinus et tota voce vocantem
> Cœruleum in gremium...

---

[1] Ces papyrus viennent du fleuve Anapus dont l'embouchure fait face à la fontaine Aréthuse. C'est, dit-on, la seule localité en Europe où cette plante croisse encore naturellement. J'ai vu des échantillons du papier (papier papyrus) que l'on en tire : ce papier ressemble à du vélin très fin.

et de ses *granites* de l'Etna. (Rien du système Raoul Pictet.) Une heure après je reprenais la route de Catane.

Si je ne vous ai rien dit de cette dernière ville, c'est qu'elle est relativement toute moderne et que ses édifices datent en général de la fin du XVIIme et du commencement du XVIIIme siècle. Quelques-unes de ses rues sont superbement bâties et assez animées; ses promenades et ses villas sont élégantes, et ses établissements scolaires m'ont paru bien installés. Mais hélas! la mendicité est une de ses plaies, comme elle me paraît l'être de toute la Sicile, avec le *Banco Lotto*. Il y a là deux vices, et deux vices très profonds, qu'un gouvernement, aussi sage que prudent, comme l'est le gouvernement italien, devrait avant tout s'appliquer à extirper. Le mendiant ne mendie pas en général pour vivre; la vie lui est ici des plus faciles; il mendie pour jouer au loto gouvernemental, ou mieux encore aux lotos subreptices qui pullulent partout, malgré la chasse vigoureuse qui leur est donnée. Aussi cette mendicité ne s'adresse-t-elle guère qu'aux étrangers; les gens du pays savent à quoi s'en tenir, et ne se dérangent pas pour si peu.

Le roi ou plutôt le tyran de Catane, l'Etna, est tranquille. Samedi soir, un violent orage s'était formé autour de ses flancs et par intervalles, quand le vent dissipait ces vapeurs, on s'arrêtait dans les rues pour le voir fumer. Mais ce n'a été qu'un accès de très courte durée. Hier nous l'avons vu de très près de Nicolosi. Il était aussi calme que notre Salève.

Ce soir, nous disons adieu à Catane et nous allons planter notre tente auprès du théâtre de Tauromenium. Ce dernier pèlerinage accompli, nous quitterons Messine et la Sicile pour la Grande-Grèce, où Pompéi et Pæstum nous attendent. On ne saurait trop souvent revoir (quand on le peut) ces splendides restes de l'antiquité. J'arriverai un peu tard pour le grand centenaire de la destruction de Pompéi; je m'en console en me persuadant que l'on y verra figurer à ma place quelque correspondant plus curieux que moi de ces sortes de solennités.

J'avais cru, d'après les journaux, à quelque grand spectacle renouvelé des temps antiques. On avait surtout beaucoup parlé de courses, de jeux et de combats de gladiateurs dans l'amphithéâtre. En Sicile un ami bienveillant a bien voulu m'apprendre que le tout se réduirait à trois discours, dont un en italien et deux en latin. Vous avouerez que, pour cela, il ne valait plus la peine de précipiter notre voyage.

VII

Taormina, 24 septembre.

Hier les magnifiques campagnes qui séparent Catane de Taormina étaient en fête. J'ignore si les Siciliens connaissent notre « ban des vendanges. » Le fait est que, lundi, on ne vendangeait nulle part et qu'hier on vendangeait à peu près partout. La récolte est des plus abondantes et, aussi loin que le regard peut s'étendre, si l'on ne voit pas des forêts d'orangers, on aperçoit des vignes chargées de raisins. Le *padrone* se tient au milieu de ses vendangeuses, le chef abrité sous un vaste parapluie (la chaleur est toujours intense. Un paysan me disait : « Les saints du calendrier sont, il est vrai, de septembre, mais le soleil est de juillet »). Armée de vastes paniers, la troupe s'avance de cep en cep, puis, le panier rempli, elle se forme en file indienne, la corbeille sur la tête à la façon des canéphores, et d'un pas léger chaque vendan-

...euse défile devant le *pressoir* où elle ver ses esraisins. Deux ou trois jeunes gaillards montés sur ledit pressoir y font l'office des vis et des poutres de nos campagnes. Le pantalon retroussé au-dessus du genou, ils piétinent vigoureusement la vendange... C'est la méthode antique, et il paraît qu'elle a du bon, puisqu'elle est si soigneusement conservée.

Maintenant, — très grosse question, — où va passer tout ce vin que produira la Sicile d'ici au 15 octobre? Ici commence l'obscurité, et une obscurité à peu près impénétrable, sauf pour les initiés. Je n'entreprendrai pas de soulever le voile qui couvre des mystères bien autant importants pour nous, cependant, que les mystères d'Eleusis.

Il y a là des secrets de fabrication que l'imagination entrevoit, mais que la prudence engage à dissimuler. Qu'il me suffise de vous dire que la plus grande partie de ce vin va prendre la route de France et qu'elle y compensera — et peut-être au delà, l'industrie humaine est si puissante! — les ravages du phylloxera. Tout cela sera mêlé, trituré, combiné, alcoolisé surtout, à dire d'expert. « Que voulez-vous, me disait un homme qui paraissait fort au courant de ce commerce, le domaine de X (en Sicile) ne produit guère que 500,000 litres de vin et on lui en demande deux millions. Il faut bien pourtant que nous les lui trouvions! » Et on les trouve, paraît-il, grâce à des procédés dont je ne veux point dire de mal, mais qui ne donnent plus ce que nous autres, gens simples, nous appelons vulgairement du vin. Croyez-moi, mes chers amis: ne sortons pas trop de nos pays. Estimons toujours l'Yvorne et le Villeneuve, et ne dédaignons pas le Satigny et le Cologny. Si vous voyiez ce que j'ai vu, si vous saviez ce que je sais aujourd'hui... Mais passons.

. . . .

L'automne est donc dans son plein épanouissement, et c'est le vrai moment de l'incomparable beauté de ce pays. Tout y est tellement à profusion que l'on se demande avec quelque angoisse d'où vient cependant cette misère dont un trop grand nombre de ses habitants portent la triste et fatale empreinte. Et pourtant il n'y a pas un seul morceau de terrain grand comme la main qui soit réellement perdu. Le paysan sicilien plante même des figuiers d'Inde sur le mur en pierres sèches qu'il vient de construire et la bonne nature se charge du reste. Je regardais ce matin un laboureur retourner son terrain avec une charrue attelée de deux bœufs, exactement semblable à celle que décrit Hésiode. C'était une promenade pour les bœufs comme pour leur maître. J'ai essayé de décrire à des vignerons siciliens de quelle façon se cultivent nos vignobles genevois. Je dois déclarer qu'ils n'y comprenaient rien, et que leur *méthode* leur paraissait infiniment préférable. Parbleu! je le crois bien. Autant l'une est dure, pénible, et trop souvent aléatoire, autant l'autre est facile et certaine du succès. Le climat et le sol font toute la différence... Encore une fois, quelle est la cause de cette misère, que nous allons bientôt hélas! retrouver à Naples?

. . . .

Mais le train qui nous emporte de Catane vient de stopper sous une longue file de maisons qui s'étendent à quelques centaines de mètres au-dessus de nos têtes. C'est Taormina, l'antique Tauromenium, qui a fait parfois très bonne figure dans l'histoire de la Sicile. Elle avait jadis une certaine importance, parce qu'elle commandait la route de Catane à Messine. Aujourd'hui ce n'est plus qu'un gros bourg, mais dont le théâtre antique est célèbre dans le monde des arts et de l'architecture.

Bædecker m'apprend que le théâtre de Taormina est le mieux conservé de tous les théâtres anciens avec celui d'Aspendos en Pamphylie. Comme il n'est pas probable que j'aille jamais faire cette comparaison, je m'en tiens à l'affirmation de Bædecker. Seulement il est bien entendu que nous n'avons pas là un théâtre *grec* sous les yeux.

Il a été grec, il ne l'est plus, Rome l'ayant considérablement modifié à son usage. Mais il n'en est pas moins intéressant, d'abord par son architecture, puis par son admirable disposition. Les Tauroméniens étaient de vrais enfants gâtés. Outre la scène, ils avaient sous les yeux la masse imposante de l'Etna qui fait face au théâtre et l'immense étendue de la mer Ionienne. Leurs regards pouvaient se promener de Reggio à Syracuse. La disposition du théâtre est d'ailleurs des plus simples. La scène (passez-moi l'expression) tourne le dos à la mer. En face s'élèvent, taillés dans le roc, les sièges semi-circulaires (le théâtre pouvait contenir 30,000 spectateurs) qui convergent vers le théâtre proprement dit. Je me suis assuré que, de quelque côté que l'on se place, la perspective scénique est toujours la même, c'est-à-dire excellente. Sous ce rapport, tous les sièges se valaient.

Ce qui me paraît avoir été bouleversé par les Romains, c'est l'espace — semi-circulaire aussi — compris entre la scène et les gradins. J'ai encore dans les yeux le théâtre de Bacchus récemment déblayé sur la pente méridionale de l'Acropole d'Athènes et je ne reconnais plus à Taormina les mêmes dispositions. Mais peu importe ici. Quelle qu'elle soit, la « scène » n'en est pas moins splendide, parfaitement reconnaissable dans ses diverses parties, formant en un mot un tout complet qui la place à côté des temples d'Agrigente, et en fait ainsi une des merveilles artistiques de la Sicile.

Ici se poserait la très grosse question de la représentation en plein jour de la tragédie et de la comédie antiques. J'ai bien le théâtre sous les yeux, mais le point de jonction entre le théâtre et le drame m'échappe à peu près complètement. Je ne puis que me livrer à des hypothèses qui peut-être n'ont rien de fondé. Je vois parfaitement derrière la scène les coulisses (elles sont en pierres de taille et en briques, ne vous déplaise) où se disposaient les acteurs; je vois les trois magnifiques portes (campagne, palais, ville) par lesquelles ils descendaient sur la scène, le spectateur sachant ainsi d'avance qu'Œdipe et Antigone venaient des champs et Thésée de la ville (Œdipe à Colone); je vois l'entrée et la partie réservée au chœur (l'orchestre lui-même a été profondément modifié par les Romains et l'autel de Bacchus a disparu), en un mot je vois tout ce que nous appelons et ce que je suis forcé d'appeler ici la « scène, » mais encore une fois je me demande comment, dans le plein jour, sous ce soleil, avec ces constructions immobiles, l'illusion pouvait arriver à ce degré d'intensité nécessaire à toute représentation dramatique. Quand Phèdre s'écrie (dans Euripide comme dans Racine):

> Et je soutiens la vue
> De ce sacré Soleil dont je suis descendue.

il est bien plus tragique de la voir diriger son bras et son geste vers le vrai soleil que vers un lustre éclairé par le gaz. Mais comment la Phèdre de Taormina, Hippolyte ou la Nourrice pouvaient-ils se faire entendre des milliers de spectateurs qui remplissaient cette immense enceinte? Voilà ce dont je ne me rends pas un compte suffisamment exact, et ce qu'il faut bien cependant que j'admette, puisque j'en ai la preuve manifeste sous les yeux.

Quand on est dans son cabinet, entouré de ses livres, les explications ne manquent pas... Quand on est sur les lieux, sur le théâtre lui-même, quand on se figure être un acteur ou un spectateur, les choses ne se produisent plus avec la même évidence.

Je sais bien que vous allez me parler de l'acoustique du théâtre... Je l'ai éprouvée; elle est admirable, je n'y contredis pas et l'architecte qui l'a ainsi combinée et réalisée devait être un maître dans son art. Mais, peut-on parler seulement d'acoustique lorsqu'il s'agit de s'adresser au cœur et à la passion de vingt-cinq à trente mille spectateurs? A-t-on fait de notre temps quelque expérience analogue? L'acoustique de St-Pierre de Rome est aussi excellente. Jusqu'où porte la voix du prédicateur ? Et encore, St-Pierre est-il un vase absolument fermé... Mais les masques et leurs bouches garnies de ce célèbre instrument qui devait doubler ou tripler l'intensité de la voix? Nouvelle difficulté, car les masques étaient forcément immobiles, bien que les anciens parlent du côté qui riait et du côté qui pleurait. Dites-vous bien d'ailleurs que les Siciliens, qui ont toujours des yeux de lynx, sous cette lumière, sous ce soleil, devaient distinguer parfaitement la *figure* et les traits des acteurs... Comment s'expliquer alors — je reprends mon exemple — la grande scène de Phèdre et de sa Nourrice, le fameux vers

   C'est toi qui l'as nommé,

prononcé par une figure absolument impassible, l'acteur lui-même étant exhaussé sur ses cothurnes et revêtu d'une longue robe flottante destinée à changer ses proportions? Je voyais, du reste, du haut des *loges* (la partie la plus élevée du théâtre) mes deux compagnes se promener sur la scène et je ne remarquais pas que, pour provoquer l'illusion, elles eussent eu besoin d'ajouter à leur taille. L'éloignement n'est pas assez grand pour une semblable transformation. Bref, sur le théâtre de Tauromenium du moins, je crois peu à tous ces accessoires; l'acoustique admise, on devait jouer, comme dans quelques théâtres modernes, la tragédie et la comédie avec cette seule différence que les rôles des femmes étaient remplis par des jeunes gens, ce qui n'est point rare dans certains grands théâtres populaires. Quant aux masques, aux longs vêtements et aux cothurnes ou aux brodequins, j'estime que — toujours à Tauromenium, bien entendu — ils auraient contribué à diminuer l'illusion plutôt qu'à la renforcer... Mais vous devez avoir bien assez de cette digression. Vous l'excuserez comme étant à peu près inévitable dans un pareil lieu et avec un tel spectacle sous les yeux.

. . . .

A côté du théâtre, se trouve un aimable petit musée qui renferme deux ou trois chefs-d'œuvre : un fragment d'une très grande terre cuite de Naxos qui représente la jambe d'un Laocoon enlacé par le serpent. L'œuvre entière devait être admirable. Puis un torse de Bacchus adolescent, ou d'Eros, statue de la grande époque grecque, et un sarcophage sur lequel est sculpté une bacchanale.

Ma journée s'est terminée par une ascension à Mola. Mola est un bourg sarrasin, perché sur une haute montagne et où rien n'a été changé depuis la conquête. J'ai cru revoir un de mes chers villages de l'Asie Mineure, où les maisons bâties à la diable chevauchent les unes sur les autres, où les rues sont des ruisseaux et les pavés des rocs à escalader. Seulement Mola abonde en cochons noirs de tous les âges qui animent ses *strade* et que la Turquie ne saurait revendiquer. La vue est splendide du haut de sa terrasse et domine au loin la mer et les campagnes de Sicile. J'y rencontre un touriste autrichien que j'avais laissé escaladant l'Etna. En fait de volcan il n'a vu que d'épaisses nuées.

P.S. — Je ferme ma lettre par une splendide nuit d'été. La mer est calme, unie comme un miroir, et la lune la baigne de ses rayons. Je viens de voir passer le vapeur de la Compagnie Florio qui doit nous emporter demain à Naples.

C'est ma dernière soirée de Sicile et peut-être la plus belle. On voudrait ne jamais quitter cet admirable climat; mais le devoir parle et il faut aller retrouver les brumes et les frimas du Nord.

VIII

Naples, 25 septembre.

La route qui s'étend de Taormina à Messine traverse une contrée aussi fertile, aussi plantureuse que celle de Catane à Taormina. Seulement ici les vendanges ne sont pas encore commencées et, chose singulière, les véritables fleuves que l'on traverse n'ont pas, littéralement, une goutte d'eau. Leurs lits sont sillonnés de sentiers parfaitement marqués sur le sable. Cela tient, me dit-on, à ce que toute l'eau qui devait les alimenter est soigneusement captée en amont de leur cours inférieur et qu'elle se distribue partout à l'aide de petits aqueducs et de rigoles destinés à porter au loin la fécondité.

Messine nous apparaît bientôt avec ses grandes et belles constructions, ses quais, sa forêt de mâts et la multitude des embarcations qui animent le port de la vieille Zanclé. Mais c'est ici que commencent les tribulations du voyageur que suivent des malles et des paquets. Heureux, à Messine, ceux qui peuvent faire leur entrée avec un havre-sac ! Il faut s'ouvrir une route au milieu de la multitude de ces *facchini* pour lesquels tout touriste est une proie tombée du ciel ; ils rappelleraient au besoin les traditions de cette bonne cité d'Avignon où un parapluie devenait un « colis » que vous n'aviez pas le droit de porter vous-même à votre hôtel. Messine et Naples sont encore célèbres sous ce rapport, et elles m'ont paru à la hauteur de leur réputation.

Mais enfin nous avons sauvé notre bagage de ces mains toujours tendues pour le saisir, et nous voilà à bord du gros *Marco Polo* qui va nous emporter à Naples.

L'ancre se lève, la vapeur siffle et nous traversons ce détroit, l'une des merveilles de l'Europe, surtout quand on peut le contempler (ce qui n'a pas été pour moi le cas cette fois-ci) sans souci du brouhaha du départ, des sollicitudes de la cabine et des arrangements nécessaires à toute installation quelque provisoire qu'elle soit. Heureusement, que j'avais pu pleinement jouir de cette vue unique au monde, il y a deux ans, à bord du *Cambodge*, et que je n'avais plus qu'à me rappeler cette admirable perspective des côtes de la Sicile et de la Calabre, entre Messine et Reggio, et remonter le cours de mes souvenirs de Charybde à Scylla. Messine elle-même disparaît bientôt à l'horizon ; les côtes de la Calabre s'effacent dans la brume; l'Etna lui-même, qui nous a si fidèlement tenu compagnie depuis quelques jours, s'évanouit à son tour; la nuit descend et la salle à manger du *Marco Polo* ne tarde pas à réunir (ou à peu près) tous ses convives.

Le dîner a été très bon; il a été agrémenté de deux verres de Marsala et d'*un café*. Aussi le pont du *Marco Polo* offre-t-il un spectacle fort amusant. De tous côtés, s'allument les cigares et la conversation est partout des plus animées. Un Sicilien en particulier tient absolument à m'expliquer les causes qui ont amené la chute de Napoléon III. La Méditerranée est calme et légèrement phosphorescente. Notre bateau s'ouvre sa route au milieu d'un sillage d'une blancheur incomparable. La lune éclaire cette scène de sa pâle lumière. Nous passons sous Stromboli, qui nous envoie quelques feux d'artifice. Mais peu à peu (car tout a une fin dans ce monde) la désertion commence à se mettre dans les rangs, et il faut enfin regagner ces cabines étouffées, chaudes et presque sans air, où nous chercherons peut-être en vain le repos.

A 3 heures, je remontais sur le pont. Le spectacle était complètement changé. La lune avait disparu; mais un effroyable orage s'avançait du Nord-Ouest. A cette heure, il paraissait éclater sur la Sardaigne et sur la Corse. Le ciel dans cette direction était littéralement en feu; mais, heureusement pour nous, la tempête ne nous atteignit qu'au lever du jour et lorsque nous étions déjà en vue de Capri. En un instant, nous fûmes inondés de torrents de pluie, entourés d'éclairs et d'éclats de la foudre; mais le *Marco Polo* remontait vers le Nord, tandis que l'orage suivait sa marche vers le Sud-Est, et, à 8 heures du matin, nous débarquions à Naples à peu près au milieu des mêmes tribulations qu'à Messine. Vivent Marseille et Palerme!

26 septembre.

Comme je vous l'ai dit, je ne songe point à vous parler de Naples. Le *Journal de Genève* compte parmi ses plus chers collaborateurs un écrivain qui s'est en quelque sorte réservé ce domaine, et si je vous disais que *Miss Ouragan* habite mon hôtel ou un hôtel voisin, que je l'ai rencontrée avec son ombrelle, en compagnie de son vieux curé, vous et notre collaborateur seriez peut-être tentés de me croire, tant la création était vivante et originale.

Je dois cependant vous dire que j'ai assisté cette après-midi à l'exhibition de la fiole de saint Janvier (un *generale francese*, nous dit notre cocher, sans doute pour nous flatter). On restaure du haut en bas la façade de la vieille cathédrale. J'étais descendu de voiture pour examiner de plus près la nature de ces travaux. J'entrai dans l'église, bien qu'elle me fût déjà passablement connue; on aime à revoir ses vieux amis.

La foule n'était pas grande, bien qu'elle me parût plus nombreuse que d'habitude. Elle se pressait surtout autour de la balustrade de marbre qui enveloppe le chœur. Là un prêtre revêtu d'une longue dalmatique rouge et suivi d'un acolyte, porteur d'une chandelle, faisait le tour de la balustrade avec la célèbre fiole et murmurait je ne sais quelles litanies. Les fidèles s'agenouillaient sur le pavé de marbre; le prêtre s'arrêtait devant chacun d'eux, faisait légèrement le signe de la croix sur leurs figures avec l'enveloppe transparente de la fiole (que le fidèle baisait ensuite dévotement), et passait à un autre. Je ne sais depuis combien d'heures durait cette monotone cérémonie, ni ce qu'elle devait durer encore, car le prêtre faisait et refaisait sans cesse le tour de la balustrade et ne s'arrêtait pas.

Vous savez que, de St-Janvier au Musée, la route n'est pas longue. Le Musée est toujours et plus que jamais cette écrasante réunion d'objets antiques (je laisse de côté la collection des tableaux, celle du moyen âge et de la Renaissance, enfin la Bibliothèque) qu'il ait jamais été donné à une administration de réunir et qui s'augmente, pour ainsi dire, tous les jours, grâce aux fouilles de Pompéi. On se perd au milieu de ces trésors sortis des ruines de deux ou trois petites villes de « l'heureuse Campanie » — *Campania felix*. En faire simplement le tour demande plusieurs heures. Vouloir les examiner avec quelque attention réclamerait au moins une semaine. L'œil hésite et le regard se trouble au milieu de toutes ces richesses accumulées.

On va, on court plutôt à ces chefs-d'œuvre, des statues aux peintures de Pompéi, des bronzes aux terres cuites, des mosaïques aux bijoux, des vases peints aux médailles, aux ustensiles domestiques, aux armes, aux papyrus d'Herculanum, et bientôt l'investigateur ne sait plus où s'arrêter, auxquels s'adresser. N'oubliez pas que tous ces objets sont en général bien en vue et fort habilement disposés. Quand on les regarde à deux ou à trois, chacun veut attirer à soi son voisin et la confusion ne fait que s'aggraver. L'étrangeté ou la similitude des objets est encore une nouvelle source d'embarras, car si l'on cherche à s'expliquer tel instrument singulier qui ne nous rappelle rien, on se demande si tel autre, incontestablement trouvé à Pompéi ou à Herculanum, n'a pas été acheté la veille dans quelque magasin de notre connaissance. Comme le castor, l'homme est un animal routinier, à instincts, et qui fait aujourd'hui exactement de la même façon ce qu'il faisait il y a dix-huit cents ans. Vous verrez par exemple dans la salle des terres cuites (vous excuserez la vulgarité de ce détail) des *cachemailles* où bruissent encore de petites monnaies romaines, lentement amassées par quelque écolier de Pompéi; elles sont exactement semblables à ces *cachemailles* qui se vendent chez nos marchands de poterie. La salle des jouets d'enfants est surtout pleine de ces ressemblances comme aussi de ces contrastes. Du reste, depuis le *Narcisse*, la plus belle peut-être des statues en bronze qui existent, on ne paraît pas avoir fait de nouvelles et grandes découvertes. Ce que l'on trouve journellement à Pompéi ferait la joie de tout autre Musée que celui de Naples. Ici cela se perd, pour ainsi dire, dans l'Océan et encombre des vitrines déjà beaucoup trop pleines au gré du simple spectateur.

Cette observation s'appliquerait surtout aux vases peints dont l'authenticité ne saurait être naturellement mise en doute, car vous savez avec quelle habileté ces vases sont chaque jour contrefaits pour la plus grande confusion des archéologues amateurs. Au musée de Naples, tout est à la fois splendide et absolument irréprochable. C'est la mythologie des anciens reproduite en scènes dont le plus grand nombre sont admirables de dessin, de composition et souvent même de couleur. Naples a conservé d'ailleurs tous ses autres trésors qui rivalisent avec ceux du Vatican et du Louvre. Seulement le grand art grec n'y est — relativement, bien entendu — que faiblement représenté. Il y est écrasé par l'art gréco-romain que je me garderai bien de déprécier, mais qui a déjà subi une transformation assez considérable. Quoi qu'il en soit, la grande mosaïque qui représente la bataille d'Arbèles et la fuite de Darius, Amphion et Zéthus, la Vénus de Capoue, la Livie assise, Oreste et Électre, les guerriers de Pergame, les Balbus, des bustes étonnants de vérité de quelques empereurs romains, l'Antinoüs, le Sénèque en bronze, le Narcisse, etc., placent le musée de Naples immédiatement à côté du Vatican, du Louvre, du British Museum, de la Pinacothèque de Munich, et lui laissent une supériorité que nul ne saurait lui contester dans tout ce qui se rapporte à la vie privée des anciens habitants de la Campanie. Pompéi a formé à lui seul un musée que rien n'aurait pu remplacer si les cendres du Vésuve ne nous l'eussent conservé intact.

A propos du Vésuve, je ne sais si les pronostics du professeur Palmieri sont venus jusqu'à vous. On parle de quelque éruption prochaine et déjà la lave a commencé à couler. Nous avons laissé l'Etna absolument calme; le Stromboli n'offrait rien d'extraordinaire; le Vésuve fume certainement beaucoup, mais c'est tout ce que nous avons pu constater. D'ici on ne voit rien de plus, et des voyageurs qui en arrivent me disent qu'il en est de même au sommet.

IX

Salerne, 2 octobre.

Mon excursion à Pæstum était décidée. Un Napolitain, de mes amis, avait essayé quelque peu de m'en détourner... « La mal'aria... » — Mais elle est sans influence de 9 heures du matin à 4 heures du soir, c'est-à-dire pendant que le soleil est haut sur l'horizon. — « La *sicurezza pubblica*... » Vous ne me ferez pas croire que l'on ne puisse, sans danger, aller et revenir de Salerne à Pæstum, et nous sommes partis..... et revenus.

Nous avons donc échangé les splendeurs du golfe de Naples pour celles du golfe de Salerne et nous avons même laissé derrière nous, non sans quelque regret, cette admirable La Cava, cette Suisse microscopique du Napolitain, où l'eau descend de rochers en rochers, où la verdure est si belle et si fraîche, où les montagnes se parent de si riches couleurs sous le soleil italien. Nous détournons la tête et nous nous préparons à nous enfoncer dans ce désert qui avait jadis une si fâcheuse réputation.

L'immense plaine qui s'étend de Salerne à Pæstum, c'est-à-dire de la mer aux derniers contreforts des Apennins, est à peu près aussi unie que notre plaine de Plainpalais. Pas une pente, pas une élévation. L'œil ne sait où s'arrêter.

Les rivières qui la parcourent, de 4 kilomètres en 4 kilomètres, traînent paresseusement leurs eaux à la mer dans des lits qui attestent sans doute les ravages de la saison d'hiver, mais qui ne sont pas assez encaissés pour drainer profondément le sol. C'est à peine si, çà et là, on distingue la direction du courant. Partout de petits étangs tout en surface et quelques rares sources auxquelles il n'est pas, dit-on, prudent de boire.

Jadis donc, je parle d'il y a quelque trente ou quarante ans, cette plaine était absolument inculte et le désert débutait aux portes de Salerne. Depuis lors la civilisation a commencé à livrer le bon combat aux forces malfaisantes de la nature, et de Salerne à Battipaglia (20 kil.) et au Tusciano, cette plaine peut désormais rivaliser avec les plus florissantes de l'Italie. De nombreuses fermes s'y sont élevées ; leurs habitants ont l'eau, la terre et le soleil, et ne connaissent pas les gelées. La malaria a presque disparu et toutes les productions du Midi (on y voit des palmiers) y viennent en abondance. De ce côté du

Tusciano le combat est donc terminé, et la ténacité et l'intelligence de l'homme en sont sorties victorieuses.

Il n'en est pas encore de même au delà de Battipaglia. Une route magnifique conduit bien jusqu'à Pæstum ; mais c'est à peine si le pays s'éveille à la civilisation.

Les fermes deviennent de plus en plus rares et disparaissent bientôt complètement. Cependant, sur le bord de la route, ont été récemment bâties des *aires* entourées d'énormes meules de blé sur lesquelles piétineront bientôt les buffles et les chevaux. Le maïs et le blé sont en effet ce que le paysan campanien demande à ce sol si longtemps abandonné. La récolte faite, le champ de blé se couvre d'une herbe courte et maigre que paissent d'immenses troupeaux de jolies vaches au pelage couleur de café au lait, de gros buffles noirs et des chevaux à travers les jambes desquels courent et frétillent de petits cochons rosés. Les moutons descendent des Apennins conduits par leurs bergers revêtus de ce long et pittoresque manteau brun rendu classique par la peinture. Ils font route avec les charbonniers qui viennent des mêmes montagnes débiter leur marchandise dans les villes de la plaine.

Mais, pendant une vingtaine de kilomètres, point ou presque point de maisons ni d'êtres humains dans ces campagnes. Point de culture spéciale. C'est la terre à blé ou à maïs, voilà tout. Toutefois, comme je vous l'ai dit, il est évident que la civilisation poursuit sa marche en avant. On commence à voir des clôtures. Quelques champs étaient déjà retournés et montraient une terre brune, légère, luisant au soleil, dont tout annonce l'abondante fertilité. D'ici à quinze ou vingt ans, elle égalera celle qui entoure Salerne. Le chemin de fer qui vient déjà jusqu'à Battipaglia aidera puissamment à cette transformation. Avec la culture, la *malaria* disparaîtra.

Voici maintenant pour la *Sicurezza pubblica* dont s'occupent — avec grande raison — tous les journaux italiens.

Jusqu'à Battipaglia, nous voyageons comme de Genève à Chancy. Au sortir de Battipaglia, nous croisons Pandore et son brigadier que nous saluons, je vous prie de le croire, avec reconnaissance. Ils viennent de faire leur tournée. A deux kilomètres plus loin, c'est un digne père capucin, chargé d'une double besace qui paraît fort bien remplie et qu'accompagnent de loin deux autres carabiniers à pied, ce qui nous fit encore très grand plaisir. Enfin, avant d'arriver au Silarus, spectacle tout à fait rassurant, sur deux charrettes sont étendus une demi-douzaine de *birbanti*, solidement ficelés et entourés d'une dizaine de *carabinieri*, l'arme au poing, qui veillent sur le dangereux dépôt qui leur est confié. Ils vont le transmettre à M. le procureur du roi à Salerne, et j'espère que le *Journal de Salerne* de demain consacrera un bon *fait divers* à cette capture qui paraît importante.

« Qu'avaient fait ces malandrins? » demandai-je deux ou trois heures après à un paysan. Il leva les yeux au ciel, remua les lèvres et... se tut. Telle est la terreur qu'ils inspirent encore et qui rend souvent si difficile la tâche des carabiniers et de la justice pénale.

Vous voyez de quelle façon nous avons gagné Pæstum. La *Sicurezza pubblica* était complète, grâce aux précautions prises. Quant à Pæstum lui-même, c'est un village qui tend à se reformer et qui peut-être un jour (il le devra à ses monuments et au chemin de fer) pourra devenir une petite ville.

On doit y compter maintenant une trentaine de maisons qui entourent une jolie église (elle est toute neuve) bâtie sur quelque emplacement d'édifice ancien, car j'y ai vu une superbe colonne de marbre d'Égypte. Je félicitais une brave femme sur cette transformation : — *Ah! siniou* (signor) s'est-elle écriée douloureusement, *mà le febbre*...., et elle pressait contre son sein un pauvre petit garçon de cinq ans dont le ventre balonné et les traits émaciés attestaient que la maladie l'avait déjà marqué de son empreinte fatale. Hélas! oui, encore cinq mois dans l'année de malaria! Virgile vante la fertilité des roseraies de Pæstum,

... Biferique rosaria Pæsti :

j'y ai vainement cherché un rosier. En échange, un petit garçon m'a apporté une fleur de géranium.

Avec le temple de la Concorde d'Agrigente, le temple de Neptune[1] est certainement le mieux conservé de tous ceux que nous a laissés l'antiquité grecque. On peut même dire qu'il est absolument intact avec ses vingt-deux siècles d'existence. Telle était la solidité avec laquelle bâtissaient les architectes doriens que rien n'y a bougé et qu'il suffirait de quelques réparations de détail pour le rendre tel qu'il existait au IVme siècle avant notre ère. Il a été préservé par le désert qui a éloigné de lui la main des hommes; ce n'est que depuis un siècle qu'on l'a littéralement découvert. Il est bâti sur le même modèle que les temples d'Agrigente, mais plus lourd et plus trapu. La pierre aussi était meilleure qu'à Agrigente : toutefois il a dû être *stuqué* comme tous les temples pour lesquels on n'employait pas le marbre. A la mesure de nos pas, il comporte environ 175 pieds de long et, chose curieuse, pendant que mes deux compagnes étaient à l'une des extrémités et causaient de leur voix ordinaire, j'entendais à l'autre extrémité à peu près tout ce qu'elles disaient. Y aurait-il là quelque effet d'acoustique cherché par l'architecte grec, ou bien est-ce le résultat du hasard ?

La basilique qui avoisine le temple est également de construction dorienne, mais faite sur un plan tout

---

[1] Neptune (Poseidôn en grec) était le dieu tutélaire de Pæstum qui, avant de devenir colonie romaine, portait le nom de Posidonia.

différent, quoique, en apparence, assez semblable. Le temple de Neptune était *hypèthre*, c'est-à-dire sans toit, mais avec double fronton, métopes, triglyphes, etc. La basilique était couverte d'un toit qui s'est effondré, mais qui devait être soutenu par la rangée de colonnes doriques qui la divise à l'intérieur en deux parties égales. Enfin, à quelques centaines de pas se dresse encore le temple de Cérès, sur lequel je tiendrais à connaitre l'opinion de quelque architecte compétent. Son intérieur renferme, en effet, une vaste terrasse qui occupe toute la longueur de l'édifice entre les deux colonnades, et qui par conséquent, masque la vue de l'un à l'autre bout. J'avais cru d'abord à quelque construction chrétienne; mais les blocs de pierre qui composent cette très belle terrasse me paraissent bien avoir été taillés et assemblés par des ouvriers grecs.

Pendant que nous passons ainsi du temple de Neptune à la basilique, et de la basilique au temple de Cérès, le soleil commence à décliner sur l'horizon et l'ordre du départ est donné. Aussitôt sortis de l'enceinte des temples, nous sommes entourés de gamins infiniment moins désagréables que ceux qui nous ont assiégés jusqu'à ce jour. Ces pauvres enfants sont même fort gentils et, s'ils tendent la main, au moins essaient-ils de vous rendre quelque service.

Ils ne nous répètent pas, comme les insupportables garçons et filles de Baïa: « Donnez-moi un sou et je partirai. » L'un d'eux va me chercher trois de ces petites monnaies de bronze si abondantes dans la

Basse-Italie; un autre m'apporte une tête de Cérès en argile qui, peut-être, a tenu sa place parmi les dieux Lares de quelque rustique Phidylé. Un troisième offre de me montrer un bas-relief, assez curieux, parce qu'il représente (en abrégé) le sacrifice romain, avec le prêtre, la victime, l'autel, le gras Étrusque jouant des deux flûtes et la divinité assistant à la fête. Ce bas-relief est entouré de belles inscriptions latines. Sur ces entrefaites, on m'apprend qu'un paysan a une « antiquité » à vendre. Ici la méfiance se dresse aussitôt. Et en effet, ce paysan m'apporte une jolie petite pierre gravée dont il me demande le double (à mon avis) de ce que je l'aurais payée à Naples. Le *truc* (toujours à mon avis) est d'autant plus visible que les objets de quelque prix ne restent jamais, dans ces cas-là, aux mains du premier détenteur. Il y a trop de concurrence sur ce marché. Ou les objets sont faux, ou ils ne vous sont offerts que pour susciter en vous l'espoir d'avoir fait une « belle trouvaille » et de la payer par conséquent sans compter. Amateurs, collectionneurs, chers confrères, tenez-vous sur vos gardes! Si vous saviez de quelles embûches nous sommes entourés!

Nous quittons Pæstum le cœur un peu gros d'abandonner ces splendides souvenirs de l'antiquité que très probablement nous ne devons plus revoir. Nous avons accompli ainsi le pèlerinage projeté à tous les temples grecs qui nous étaient accessibles, jusqu'à celui d'Éphèse que M. Wood (*Ephesus-Wood*, comme on l'appelle à Londres) a si bien scié, taillé et finalement transporté au British-Museum. Notre retour s'accomplit donc plus tristement que le voyage du matin. Il se passe d'ailleurs sans aucun incident, même sans carabiniers. Un spectacle assez inattendu nous égaie pendant quelques minutes. C'est celui d'un troupeau de buffles qui... va se baigner. Ils quittent un à un, très gravement leur pâturage et descendent au Silarus où ils se plongent et se lavent consciencieusement, puis ils remontent reprendre leur précédente occupation, le corps limoneux et tout ruisselant aux rayons du soleil. Il paraît qu'ils ont leur heure pour cela et que pas n'est besoin qu'on la leur rappelle.

Nous rentrions à Salerne au moment où le soleil se plongeait dans les eaux de la Méditerranée et éclairait de ses derniers rayons ce splendide paysage et ces rivages auxquels on a comparé, non sans raison, celui de Montreux.

X

Naples, 9 octobre.

L'*Europe* qui devait nous rapatrier avait annoncé son départ pour 4 heures. Nous ne lèverons l'ancre qu'à 10 heures du soir. Le pont du vapeur est animé au delà de toute expression (je vous dirai bientôt pourquoi). Je laisse la foule crier et s'agiter. J'ai trouvé une cabine solitaire, et j'en profite pour vous dire un peu ce que j'ai sur le cœur depuis que j'ai mis le pied en Sicile pour la première fois et depuis que j'ai revu Naples et ses environs [1].

---

[1] La presse italienne a fait à ces modestes correspondances l'honneur de les traduire et surtout de les discuter. Mais ce sont les deux lettres qui suivent qui ont suscité d'assez vives polémiques, les uns (la majorité) leur donnant leur entière approbation, les autres plaidant les circonstances atténuantes. Il en est résulté que l'auteur, qui ne cherchait que la vérité, a tenu à s'édifier un peu plus complètement qu'il ne pouvait le faire dans un voyage forcément assez rapide et il doit dire que, malheureuse-

Lorsque notre ami M. Marc-Monnier publia, il y a quelques mois, dans le *Journal de Genève* ses trois articles sur la misère à Naples, il y eut beaucoup de gens pour déclarer que le tableau était chargé. Ces censeurs auraient dû cependant se dire que M. Marc-Monnier connaît Naples mieux que personne, qu'il est un ami de l'Italie de la première heure, et que, de plus, il ne parlait que pièces en mains. Ses assertions d'ailleurs ne furent pas réfutées, par l'excellente raison qu'elles étaient irréfutables. Or, ce que j'ai pu voir de cette misère au point de vue seul de la mendicité, m'a prouvé que notre excellent collaborateur n'avait rien exagéré. A ses observations qui n'avaient trait qu'à Naples j'ai pu ajouter celles que j'ai faites moi-même en Sicile, et partout, comme je crois vous l'avoir déjà indiqué, j'ai été frappé du même désolant spectacle.

Jadis on tombait à bras raccourcis sur le gouvernement de Berne, à cause de l'Oberland, et l'on avait raison, car il y a des choses qu'un gouvernement honnête ne doit pas tolérer. Mais ce qui se passait dans l'Oberland n'était rien, absolument rien, comparé à ce qui se passe à Naples et en Sicile. En

ment, il ne saurait rien retrancher de ce qu'il a écrit. Le fait de l'émigration dont il va être question lui a été démontré beaucoup plus grave qu'il ne l'avait jugé au premier abord et, chose au moins singulière, ce sont ces lettres qui semblent avoir ranimé et renouvelé les discussions des journaux italiens à ce sujet. La question est désormais nettement posée, et il est probable qu'elle sera poussée vigoureusement.

nous plaçant au seul point de vue de la morale la plus élémentaire et de l'humanité, il faut donc que ceux qui le peuvent élèvent la voix et protestent contre un état de décomposition sociale qui appelle le plus prompt et le plus énergique remède.

On me répond, il est vrai, que cet état de choses est une conséquence fatale, comme un legs du régime des Bourbons et des couvents. Je ne le conteste pas. Mais qu'a-t-on fait en mieux depuis tantôt vingt ans? Je ne saurais le voir. On ajoute que le développement donné à l'instruction primaire contribuera pour sa part à atténuer le fléau. C'est encore possible, mais le remède sera terriblement lent, et, en attendant, les nouvelles générations n'en seront pas moins empoisonnées dans leur moralité. Bien souvent des enfants m'ont demandé l'aumône en sortant de l'école et leurs cahiers sous le bras... Donc ce n'est pas encore là que se trouve la solution. Il faut que le gouvernement se décide à regarder le mal en face et à faire ce qu'exige de lui ce mal une fois constaté. C'est un des plus grands devoirs qui lui incombent, un devoir sacré, car la plaie ne fait que s'élargir et s'envenimer, et peut-être sera-t-il trop tard quand il voudra mettre la main à l'œuvre. Un honorable étranger qui est fixé à Palerme depuis deux ans me disait qu'à ses yeux le fléau devenait de jour en jour plus intense et qu'il n'était que temps d'agir.

L'argument fondamental qu'on nous oppose n'est au fond que celui-ci: « Vous autres, peuples du

Nord, vous comprenez certains côtés de la civilisation sous une forme différente de celle que pratiquent les peuples du Midi. Ce mal, ce fléau, comme vous l'appelez, qui vous frappe si vivement, ne nous émeut pas au même degré. Nous y sommes habitués. Nous l'avons connu dès notre enfance et il nous survivra. Cela étant, à quoi bon s'en préoccuper outre mesure? »

Et c'est précisément cette indifférence, cette apathie que je déplore et qu'il faut secouer à tout prix. Il m'importe fort peu que le fléau soit ancien; ce qui m'importe — comme homme, membre de la grande famille humaine — c'est de savoir ce que deviendront dans l'avenir tous ces enfants des deux sexes que j'ai vus à Palerme, à Girgenti, à Syracuse, à Catane, à Taormina, à Messine, à Naples, à Baïa, sur le Vésuve, à Pompéi, me tendant opiniâtrement la main et me persécutant sans relâche jusqu'à ce qu'ils eussent obtenu le *soldo* si ardemment convoité.

On me dit (mais M. Marc-Monnier en sait sans doute beaucoup plus long que moi sur ce sujet) que ces enfants sont le plus souvent enrégimentés et battus s'ils ne rapportent pas au logis la somme que leurs tristes *padroni* exigent d'eux. Une société civilisée et chrétienne ne devrait-elle pas prendre la défense de ces malheureux déshérités? L'Italie a fait une loi à l'adresse de ces parents dénaturés qui *vendent* leurs enfants (et l'on prétend que l'esclavage est aboli!) à des exploiteurs étrangers. Or, un journal des

États-Unis publiait l'autre jour des détails monstrueux sur ce qui se passe encore à New-York à ce sujet. La loi est donc insuffisante. Ne serait-il pas préférable d'attaquer le mal dans sa racine?

La mendicité prend d'ailleurs toutes les formes. J'étais arrêté dans la rue Macqueda (à Palerme) par un embarras de voitures. Un Monsieur fort bien mis, chapeau noir, redingote et gants, vient à moi et d'une voix émue me raconte à l'oreille qu'il implore mon assistance pour une famille agonisant dans un galetas. Je lui réponds dans mon meilleur italien (c'est peu dire) de venir me trouver à mon hôtel où il m'expliquera le fait mieux que dans la rue. Je l'ai vainement attendu. C'est un *truc* qui réussit, dit-on, à l'ouverture de la saison, surtout avec les *misses* au cœur sensible et qui savent l'italien. A Girgenti, je cherchais des yeux la boîte aux lettres. Un Monsieur, non moins bien mis que le précédent, me l'indique du doigt. Quelques pas plus loin il venait solliciter ma générosité pour le *service* qu'il m'avait rendu. A Catane, devant la gare, en plein soleil, au milieu de tous les voyageurs, j'ai vu à plusieurs reprises une pauvre estropiée, privée des deux pieds, se traîner sur ses genoux et sur une main, et élever l'autre pour implorer la charité des passants. On lui donnait ou on ne lui donnait pas, mais ce spectacle qui n'aurait pas été toléré une minute dans notre pays, n'attirait pas même le regard. Et je ne parle pas de la mendicité proprement dite, des aveugles, des malades, des enfants, des vieillards, qui pullule partout où passe un voyageur. A Baïa, à Bauli, vous êtes accompagnés par dix, vingt, trente enfants, filles et garçons, qui, sous les yeux de leurs parents, du syndic, des ecclésiastiques qui font leur instruction religieuse, harcèlent sans pitié le voyageur qui essaie d'étudier sur place ces lieux si célèbres dans l'antiquité. *Vergogna* est un substantif italien. *Senza vergogna* est le mot d'ordre de cette détestable confrérie.

Encore une fois que le gouvernement en croie ses amis du Nord. Qu'il se rappelle ces vers incomparables du plus grand poëte de l'Italie :

> ...Alitur vitium vivitque tegendo
> Dum medicas adhibere manus ad vulnera pastor
> Abnegat ac meliora Deos sedet omina poscens [1].

Comme du temps de Virgile, Dieu n'aide que ceux qui s'aident eux-mêmes. Rien de mieux que l'*obbligatorietà* pour l'instruction primaire et je l'aurais votée des deux mains. Mais quand on essaie de faire le compte de cette foule énorme à laquelle il faudra l'appliquer, on se demande, comment dans une ville

---

[1] Ou plutôt, pour calmer la sourde violence
D'un mal qui se nourrit et s'accroît en silence,
Hâte-toi, que l'acier sagement rigoureux
S'ouvre au sein de l'ulcère un chemin douloureux.
C'en est fait des troupeaux si les bergers tranquilles
Ne combattent le mal que par des vœux stériles.
  DELILLE.

de 450 à 500,000 âmes telle que Naples, on s'y prendra pour l'obtenir.

Bien des années s'écouleront encore avant d'arriver à faire passer la loi dans les mœurs. En attendant, pourquoi ne pas déclarer que « la mendicité est interdite, » et chercher à faire exécuter cette loi aussi complètement que possible?

Je n'ignore pas que cette mesure en entraînera d'autres qui devront produire tout le contraire de ces tristes dépôts et de ces hôpitaux si lugubrement décrits par M. Marc-Monnier et qu'elle forcera surtout la suppression de ce « commerce des enfants » (on dit, mais je n'ai pas vérifié moi-même le fait, que ce *commerce* s'exerce avec la même intensité dans les soufrières de la Sicile), en rendant sérieusement responsables les parents et les *padroni* qui pratiquent cette abominable industrie.

Il faudra, en outre, ouvrir des hospices et des asiles, où ceux qui ne peuvent gagner leur vie et qui ne trouvent aucune retraite ni aucune ressource dans leurs communes ou dans leurs familles, soient recueillis et mis à l'abri des conséquences d'une misère que leurs infirmités ne leur permettent pas d'éviter. Il faudra enfin que les individus valides soient condamnés, si cela est nécessaire, au travail et qu'ils cessent de donner autour d'eux le plus déplorable exemple.

George Sand a écrit une page admirable pour démontrer que qui a mendié une fois mendiera toute sa vie. Si l'Italie ne s'inspire pas de ce principe, tout ce qu'elle fera dans ce sens n'aboutira qu'à de simples palliatifs qui vivront ce que vivent ces sortes de mesures.

Sans doute cela coûtera de l'argent, et il est malheureusement aussi vrai que les finances de l'État et celles des municipalités sont loin d'être brillantes. Mais quel argent, moralement et matériellement, serait mieux placé et rapporterait en fin de compte un plus gros et plus honorable intérêt? Pourquoi, dans chaque ville, des comités ne s'organiseraient-ils pas en donnant ce but, ce seul but, à leurs efforts? Peu de discours (on aime trop les discours en Italie), mais des faits et de l'action. Les *ragged schools* de Londres sont là pour montrer ce que l'on peut accomplir dans cette direction, et je vous garantis qu'ici ce ne seront pas les *déguenillés* qui feront défaut. L'Italie abonde en âmes généreuses qui n'aspirent qu'au bien. Une vaste association qui réunirait ensuite tous ces efforts dispersés pourrait poursuivre l'œuvre sur les points où elle aurait été sérieusement commencée, et le pays tout entier ne tarderait pas à recueillir le prix de cette entente, de cette ligue du bien. De son côté l'État serait là pour prêter à l'œuvre commune son aide indispensable, et de cette réunion des volontés individuelles et de l'appui de la loi sortirait une œuvre de régénération qu'appellent les vœux de tous les vrais amis de l'Italie et de l'humanité.

. . . .

En mer. — Combien de fois la lettre qui précède

a-t-elle été interrompue? Je ne saurais vous le dire; mais quelque longue qu'elle soit déjà, il m'est impossible de ne pas la compléter.

La première conséquence de la mendicité est nécessairement le vol et la débauche. Je laisse aux spécialistes qui connaissent Naples le soin de vous parler de la débauche. Quant au vol, il se pratique sur la plus large échelle, et ce qu'il y a de lamentable, c'est que des enfants sont les agents les plus actifs de cette industrie. Pour abréger, je me contenterai de deux exemples.

Une dame avait à payer l'autre jour 700 fr. à un de nos compatriotes, M. E. Elle entre, met la main à sa poche..... Son porte-monnaie avait disparu avec la somme qu'il renfermait. Voici de quelle manière le vol s'était pratiqué et, si je vous l'indique, c'est qu'il ne serait pas impossible qu'il se fût déjà introduit chez nous. *Caveant consules.*

Avant d'entrer chez M. E., cette dame avait fait une emplette dans un magasin. Une petite fille de 7 à 8 ans était entrée avec elle en lui demandant l'aumône et avait observé la façon dont cette dame cachait son porte-monnaie. En sortant elle avait fait un simple signe à un individu qui l'attendait près de la porte (vous savez qu'avec deux ou trois signes deux Napolitains peuvent avoir une conversation dans les règles) et le tour était joué.

Je passais, il y a trois jours, le long du trottoir de la place Médine. Il était 10 heures du matin et la place Médine est un des lieux les plus fréquentés de Naples. J'achète le *Pungolo* et, comme je n'avais pas le *soldo* de rigueur, je prie ma compagne de le donner pour moi.

Ce paiement avait été observé par deux individus. Ma compagne reprend à la main son porte-monnaie, le couvre d'un petit châle et continue sa route pendant que je dépliais mon journal. Tout à coup (je vous répète que cela se passait en plein jour) un enfant d'une douzaine d'années se jette sur elle, d'une main lui saisit et lui tord le poignet et de l'autre tente de lui arracher son porte-monnaie. Sa main glisse sur le cuir de Russie. Il recommence. Ma compagne jette alors un cri. Je me retourne brusquement ne sachant ce dont il s'agissait. « Par hasard » le second individu se jette sur moi, me heurte violemment et me fait quitter le trottoir... Mais le cri qui venait d'être poussé par ma compagne avait effrayé l'enfant qui avait pris la fuite à toutes jambes. Quelques passants avaient retourné la tête et regardaient. Mais personne d'ailleurs ne paraissait songer à l'arrêter. Je voulais aller raconter la chose au *Pungolo*, cause première de l'incident. « Peuh! me dit un ami; le *Pungolo* en fera un article... Et puis après? Cela recommencera comme par le passé. » Sans nous flatter outre mesure, si chez nous une scène semblable se produisait sur la Corraterie, quel tapage et dans quel état serait la police! A Naples c'est en quelque sorte pain quotidien.

. . . .

En mer, 10 octobre. — Par la force des choses, le gouvernement italien n'est malheureusement pas à l'abri de toute responsabilité à cet égard. D'abord il maintient le *banco lotto*, qui ouvre toutes grandes ses boutiques surmontées de la noble croix de Savoie, en invitant ainsi le peuple à lui apporter ses économies ou le produit de la mendicité et du vol en échange d'un gain presque toujours imaginaire.

Le gouvernement italien prélève ainsi, bon an mal an, une quarantaine de millions sur la pauvreté et l'ignorance et favorise la paresse; car, à quoi bon travailler aujourd'hui, quand (un songe nous l'a dit) nous serons riches demain? En outre, les impôts sont excessifs et je me demande ce que deviendra l'Italie, si elle persévère dans cette voie qui la conduira, ce me semble, fatalement à sa perte. J'en ai, d'ailleurs, en ce moment même, la preuve palpable et vivante sous les yeux. La chose vaut la peine d'être décrite.

XI

10 octobre.

En mer, en vue de l'île du Giglio. — La Méditerranée est éblouissante et notre *Europe* glisse légèrement sur ses flots à peine ondulés ; le soleil brûle de ses feux les côtes de la Toscane qui commencent à disparaître dans la brume ; le pont de notre vapeur est le théâtre d'une animation extraordinaire, et l'on m'appelle pour y être témoin d'un spectacle assurément fort rare dans ces parages... Les Calabrais vont danser la tarantelle et leurs autres danses nationales.

Quels Calabrais? me demanderez-vous. En effet, c'est par là que le récit qui va suivre se rattache à celui qui précède.

Nous avons embarqué à Naples trois cent quatre-vingts campagnards de l'Italie méridionale qui vont chercher sous d'autres cieux (surtout dans la Plata) le travail et l'aisance que leur pays leur refuse. Le *Poitou* qui chauffait à quelques encablures de l'*Europe* devait, m'a-t-on dit, en emmener à peu près autant, et il en était de même d'un troisième vapeur dont j'ai oublié le nom.

Total : environ mille émigrants qui quittent le Napolitain pour se rendre à Marseille, d'où, sans toucher terre, ils seront presque tous distribués sur des navires à voiles qui les conduiront à leur lointaine destination après une navigation de deux à trois mois. Le prix du passage pour ces émigrants de Naples à Marseille est de 12 francs. Ils boivent de l'eau et se nourrissent essentiellement de pain et de *caccio cavallo* (fromage de lait de jument). A mon départ de Naples, je lisais dans le *Giornale di Udine* que la semaine dernière 72 familles composées de 500 individus avaient passé par la gare d'Udine. Ces émigrants, tous de la province de Rovigo, étaient des cultivateurs et des artisans. Ils allaient s'établir en Moldavie.

Voilà le fait brutal.

Maintenant qu'en dites-vous et que penser de l'état d'un pays dans lequel 1500 individus, d'un seul coup, prennent la résolution d'émigrer et d'aller chercher une autre patrie dans des lieux qui leur sont — notez-le bien — absolument inconnus ?

Il n'y a malheureusement qu'une seule explication à donner à cet étrange phénomène.

C'est la misère.

Presque tous les émigrants de l'*Europe* sont des paysans de 20 à 40 ans (on n'y compte pas plus d'une trentaine de femmes); ils sont en général d'apparence vigoureuse, bien bâtis, sobres (ils le prouvent), et plutôt insouciants. Du moins ils n'avaient pas l'air très affligés de quitter la terre qui les a nourris jusqu'ici. J'ai assisté aux adieux et aux embrassades du départ. La chose n'avait rien de particulièrement émouvant. C'était plutôt froid.

Toute leur situation se résume en ces quelques mots : « Nous ne pouvons plus vivre dans notre pays ; c'est pour cela que nous le quittons. Ailleurs — où que ce soit — il nous sera difficile de trouver pis que chez nous. »

Quelques cas sont lamentables. En voici un :

Il s'agit d'une jeune femme d'une vingtaine d'années, à l'air fort intelligent et parfaitement décent, qu'accompagnent sa vieille mère et un enfant de vingt mois. Son mari est parti pour Buenos-Ayres et depuis son départ, qui date de dix-huit mois, elle n'en a plus eu aucune nouvelle.

Entre-temps le feu a pris à sa maison et a tout détruit. Elle part donc à la recherche de son mari sans trop savoir où il est, ni s'il vit encore. « Si je ne le retrouve pas, dit-elle lugubrement à ma compagne, qui s'est attachée à elle, je crois bien que je n'aurai plus qu'à mourir de faim avec ma mère et mon enfant. » Elle a pu réunir de 2 à 300 francs, tout juste de quoi payer leur voyage. Arrivée là-bas, ses ressources seront épuisées.

Quant à l'immense majorité des autres émigrants, je vous l'ai dit: c'est la misère qui les chasse.

Latifundia perdidere Italiam, a dit le vieux Pline. « Les immenses domaines ont perdu l'Italie. » Je serais tenté de dire aujourd'hui: *Vectigalia perdunt Italiam :* « Ce sont les impôts qui amènent ces désastres. »

« Nous ne pouvons plus vivre chez nous, me disent ceux que j'interroge. Savez-vous ce que nous gagnons quand le travail ne manque pas? 80 centimes par jour, et là-dessus il faut se nourrir et s'entretenir! »

Mais que faire? On prétend — et le fait m'a été affirmé par des hommes qui connaissent à fond le Napolitain — que, d'une façon ou de l'autre, l'État et les communes arrivent à prélever sur le revenu d'un terrain le 45 0/0, de telle sorte que, sur un champ qui rend mille francs à son propriétaire, ce propriétaire est obligé d'en payer 450 au fisc. Calculez là-dessus ce que ce propriétaire peut donner aux ouvriers qui mettent en valeur son domaine. Et si ces malheureux ouvriers sont mariés, s'ils ont des enfants..... N'est-ce pas ce redoutable problème de la mendicité qui reparaît ici sous une nouvelle forme? Que faire de ces enfants que l'on est dans l'impossibilité de nourrir bien que votre femme travaille avec vous comme une bête de somme? Arrivent alors ces *padroni* qui s'en chargent et qui les expédient au dehors pour leur faire exercer trop souvent les métiers les plus honteux dans les grandes capitales de l'Europe et de l'Amérique.

Multipliez les lois contre cet infâme trafic! — A quoi bon, puisque, comme le dit Virgile dans ses vers prophétiques,

....alitur vitium, vivitque tegendo?

Autant aurait valu supprimer l'esclavage et permettre aux négriers de s'approvisionner de leur bois d'ébène sur les côtes d'Afrique!

Il y a donc là un cercle absolument vicieux ou plutôt un immense problème à résoudre qui s'impose de jour en jour plus clairement aux législateurs de l'Italie et à tous les hommes de cœur que compte ce noble pays. Que sert de crier sur toutes les places publiques, dans tous les clubs, à l'*Italia irredenta* et de parler même de ravir le Tessin à la Suisse et la Corse à la France, quand on a sous les yeux, comme je l'ai eue, une *Italia* bien autrement *irredenta* que celle que ces utopistes réclament si follement! Est-ce que le Tessin, le Tyrol italien, Nice et la Corse changeraient la moindre des choses à la condition de ces paysans des Abruzzes et des Calabres?

Et voyez jusqu'où va le mal. Au moins l'émigration d'Udine se fait par familles; ici c'est tout le contraire.

Ce sont surtout les hommes qui émigrent, laissant un nombre à peu près égal de femmes, ou qu'ils abandonnent (car on ne va pas facilement des Abruzzes à la Plata), ou qui forcément ne donneront à l'État aucune progéniture au moins légitime. Calculez ensuite quelle perte cause à ce même État cette saignée à blanc s'opérant sur toutes ses frontières, et notez enfin que — d'après de fort bons juges — « cela ne fait que commencer[1]. »

Si donc l'Italie veut couper le mal dans sa racine, et puisse-t-il ne pas être trop tard, il faut de toute nécessité qu'elle réforme de fond en comble son système d'impôts et qu'elle cesse de demander à sa terre — quelque fertile que soit celle-ci — ce que la terre ne peut pas lui donner sans appauvrir l'État bien au delà de ce qu'elle lui rend. Il faut que l'Italie *ose* regarder sa position en face, qu'elle ne se dissimule rien de ce qu'elle cache de particulièrement dangereux, et qu'elle taille résolûment dans son armée et dans sa marine, ces deux causes principales de dépenses auxquelles elle est incapable, surtout avec son périlleux système de papier-monnaie et de cuivre, de faire face.

Il faudrait aussi que son système financier et son administration ne fussent pas à la merci de toutes ces petites évolutions politiques qui s'accomplissent dans son parlement et qui viennent mettre à néant,

---

[1] Depuis que ces lignes ont été écrites l'auteur a pu constater, d'après les journaux italiens eux-mêmes, que l'émigration de 1879 a dû s'élever à plus de 100,000 âmes dont les 80 0/0 d'hommes dans la force de l'âge.

à peu près régulièrement tous les six mois, les mesures les plus sages sans doute, mais qui n'ont qu'un tort, celui de ne pas être appliquées. Il faudrait enfin que les campagnes devinssent l'objet principal, je dirais volontiers l'unique préoccupation de la politique intérieure du gouvernement et qu'on multipliât les efforts pour les arracher aux fléaux qui pèsent depuis trop longtemps, peut-être depuis l'empire romain, sur leurs malheureux habitants. Si le salut est ailleurs, je le veux bien. Pour ma part, je ne le crois pas. Sachons seulement comment l'hiver qui s'approche se passera à Naples et ailleurs. La récolte du maïs a été des plus médiocres. Or quand le maïs manque dans ces pays on est bien près de la disette!

. . . .

Eh bien, oui! C'est pendant que je me livrais à ces tristes réflexions que sur le pont de l'*Europe* s'organisait la tarantelle.

Un tambour de basque manié avec une admirable sûreté d'oreille et de main par une jeune femme a donné le signal; la foule des émigrants déborde aussitôt autour des acteurs et suit sans se lasser les longs méandres de cette danse qui ne ressemble que de très loin à celle que connaissent les petits théâtres et les cafés de Naples et de la Mergellina.

Cette tarantelle se danse au contraire avec le plus parfait sérieux (ces populations ne sont pas gaies, et leurs chants ne m'ont pas paru plus « gais » que leurs danses); mais quelque compliquée que soit, ou que me semble à moi profane, cette tarentelle, je n'en admire pas moins l'organisation musicale de ces jeunes gens et surtout la puissance — que je ne m'étais jamais bien expliquée — de ce tambour de basque qui a toujours joué le premier rôle dans les danses nationales des peuples du Midi. C'est un instrument impitoyable, qui force le danseur à la fois par sa monotonie, la façon dont il marque la cadence (il paraît qu'il faut être des plus habiles pour savoir le manier et un jeune homme qui s'était permis de succéder dans cet emploi à notre jeune émigrante fut presque aussitôt hué et obligé de rentrer dans les rangs des spectateurs), et enfin par son impassible continuité. C'est le tambour de basque qui vient de réduire les Bacchantes de Gleyre à cet état d'épuisement ou d'affolement auquel elles succombent; c'est encore le tambour de basque qui, sur le pont de l'*Europe*, règle la danse de ces pauvres émigrants à la veille de s'embarquer pour la Plata et qui leur fait oublier un instant et leurs douleurs passées et les tristes prévisions de l'avenir.

Marseille, 12 octobre.

Je viens de parcourir les lettres que je vous avais adressées. Permettez-moi de dire ici à nos lecteurs que j'y ai bien retrouvé mes impressions premières telles que je les avais ressenties. J'ai raconté ce que j'ai *vu* : rien de plus, rien de moins. Sans doute, j'ai dû commettre plus d'une erreur puisque je visitais un pays en grande partie nouveau pour moi, et que j'ai l'habitude, dans ces sortes de voyages, de vivre plutôt seul sans m'astreindre à certains devoirs de société que je regrette parfois de ne pouvoir mieux remplir. De cette façon, du moins, je ne subis l'influence de personne.

Je voudrais seulement relever ici certaines fautes d'impression qui ont parfois dénaturé le sens de ma pensée et attribuer ces *lapsus* à une écriture que n'amélioraient pas nos installations habituelles. Cette confession, je l'aurais faite, si je ne m'étais rappelé une conversation que j'avais à Genève, il y a quatre ou cinq ans, avec M. Louis Blanc. Je le félicitais de sa magnifique écriture qui équivaut à l'impression, si elle ne la surpasse pas : « Au moins, lui disais-je, avec de pareils manuscrits vos compositeurs ne risquent pas de vous infliger ces fautes ridicules qui font si souvent notre désespoir à nous qui pouvons à peine nous relire. » — « Vous croyez, me répondit-il en riant ; eh bien, c'est ce qui vous trompe. Plus mon manuscrit est lisible et plus je redoute de fautes. J'ai eu beau charger les compositeurs du *Temps* — lorsque j'étais son correspondant d'Angleterre — de mes réclamations et de mes malédictions ; rien n'y a fait. J'écris trop bien ! De sorte que, n'ayant aucune peine pour me lire, ils peuvent composer mon manuscrit tout en continuant leurs conversations et Dieu sait alors ce qu'ils me font dire ! »

Je préfère donc m'en tenir à l'explication de M. Louis Blanc, et ¶ m'estimer heureux de pouvoir redire avec Horace :

..... Parva Tyrrhenum per æquor
Vela dedi .....

TABLE

	Pages
De Marseille à Palerme	1
De Palerme à Agrigente. — Agrigente	15
D'Agrigente à Catane	26
Syracuse	35
De Syracuse à Taormina. — Taormina	51
De Taormina à Naples. — Naples	61
Pæstum	69
De Naples à Marseille. — La mendicité en Italie	79

www.ingramcontent.com/pod-product-compliance
Lightning Source LLC
Chambersburg PA
CBHW070259100426
42743CB00011B/2268